旧广东"三大害"

刘付靖　王明坤　著

岭南风土丛书

岭南古籍出版社
·广州·

图书在版编目（CIP）数据

旧广东"三大害" / 刘付靖，王明坤著. -- 广州：岭南古籍出版社，2025.1. --（岭南风土丛书）.
ISBN 978-7-80775-019-2

Ⅰ．D669.8

中国国家版本馆 CIP 数据核字第 2024B22H13 号

JIU GUANGDONG "SAN DA HAI"

旧广东"三大害"
刘付靖　王明坤　著

出 版 人：肖风华

项目策划：柏　峰
项目统筹：张贤明　唐金英
责任编辑：唐金英
封面设计：友间文化
责任技编：周星奎

出版发行：岭南古籍出版社
地　　址：广州市越秀区恤孤院路12号（邮政编码：510080）
电　　话：（020）87776449（总编室）　（020）87774479（售书热线）
印　　刷：广东鹏腾宇文化创新有限公司
开　　本：787 mm×1092 mm　1/32
印　　张：5.125　　字　　数：104千
版　　次：2025年1月第1版
印　　次：2025年1月第1次印刷
定　　价：36.00元

 版权所有　翻印必究

如发现印装质量问题，影响阅读，请与出版社（020-87778643）联系调换。

目录

一 烟

1. 鸦片与海上贸易 / 2
2. 列强入粤贩烟 / 4
3. 鸦片走私网 / 8
4. 贩烟组织和烟商 / 15
5. 民间吸食鸦片之风 / 19
6. 广东禁烟 / 25
7. 林则徐虎门销烟 / 27
8. 鸦片战争之后的鸦片 / 35
9. 官民合作禁烟运动 / 39

二 赌

1. 赌饷与财政收入 / 44

2　赌博贻害　/ 47

3　闱姓——赌科举　/ 52

4　山票和铺票　/ 56

5　番摊赌博　/ 62

6　白鸽票和猜字胆　/ 68

7　风行一时的字花　/ 78

8　话斗蟀　/ 91

9　搓麻雀　/ 94

10　六大赌商　/ 96

11　清末两次禁赌争议　/ 104

12　民初禁赌风云　/ 107

13　设立禁赌委员会　/ 112

三　娼

1　珠江花舫　/ 118

2　韩江六篷船　/ 121

3　大寨风情　/ 124

4　娼鸨淫媒　/ 127

5　陈塘销金窟　/ 128

6　变相尼姑庵　/ 130

7　烟花血泪　/ 134

附 录

附录一　戒烟醒世图（节录）　/ 140
附录二　废娼的幻灭　/ 154

 烟

1　鸦片与海上贸易

广东的海上贸易已有一千多年的历史。汉朝时，徐闻、合浦就成为中外海上交通的两颗璀璨明珠，远航船队不断地从这两个港口扬帆远航，开辟了海上丝绸之路。到了晋朝，广州作为海上贸易骄子的姿态开始显露，海上商道东移广州。唐朝始设置市舶司，历宋、元不衰。迄明中叶，因倭寇和海盗活动猖獗，广州市舶司时置时罢。明、清递嬗之际，海禁政策变本加厉，广州对外贸易曾一度衰竭。1685年，清政府宣布开放海禁，设置粤海关、闽海关、浙海关、江海关，准许外商贸易。至1757年，复封禁江、浙、闽三关，仅保留粤海关。

粤海关设置后，海关监督由皇帝最信任的内务府旗人担任，与总督或巡抚等地方官一起，共同担负管理对外贸易和征收税饷的任务。当时海关不直接与外商发生关系，清政府为防范外商与中国人接触，于粤海关设立的第二年设立了"洋行"，俗称"十三行"，负责具体办理对外贸易以及与外商交往的事务。在洋行里从事这些工作的人称为"行商"（又称"洋商"）。行商建有商馆，租与外商寓居和收贮活动货物。

外销画中的18世纪广州商馆区

由于东南沿海对外贸易仅保留粤海关,广东的海上贸易空前繁荣。当时广州进出口税比世界各国轻,商人恪守商道,人身和财产安全得到较好保障,从而使"在广州做生意比在世界任何其他地方都方便和容易"(格林堡《鸦片战争前中英通商史》)。广州一时商贾云集,海上贸易发展迅猛。1764—1765年,到广州贸易的外国商船仅31艘,到1836—1837年,已有213艘,增加近6倍。1764年,欧美国家对中国的海上贸易总值约为555万两,到了1837年,广州出口总值约为3608万两,进出口总值约为3932万两,比1764年增加了6倍。

当时中国自给自足的经济模式排挤外来的棉毛织品及工业品,而驰名世界的中国茶、丝出口量又不断增加,广东的合法贸易一直处于出超的地位。当时西方各国正积极对东方进行殖民掠夺,他们来广州贸易也带着这个目的,广州的海上贸易状态对他们来说是一个沉重的打击,尤其是拥有广州对外贸易80%份额的英国,损失极为惨重。为了扭转对华贸易逆差的不利处境,英国决定把鸦片输入中国,因为鸦片作为一种特殊的商品,能够牢固地吸引市场。英国东印度公司偷运到广州的鸦片,1800年为4500多箱,1830年猛增至近20000箱,英国对华的逆差完全扭转。一时间,到广州贸易的各国商人纷纷参与鸦片贸易,并以此发迹。鸦片大量输华正值东南贸易仅保留粤海关时期,所以17世纪末至18世纪初的广东海上贸易笼罩着浓重的鸦片烟雾,当时民间吸食鸦片和海上贸易持久的"鸦片热"给国家和人民带来深重的灾难。

2 列强入粤贩烟

鸦片俗称大烟,又叫罂粟、芙蓉。原产于埃及,后以土耳其、波斯为多,欧洲也曾有短暂种植历史,印度种植的历史不长,但因建立完整的产销基地而发展迅猛,几乎独霸中国市场。销往中国的鸦片有4种,即公班土、白皮土、金花土和新山。公班土产于东印度公司控制的孟加拉、奥理萨和比哈尔等地,由加尔各答出口;白皮土产于迈尔洼,由孟买和达曼出口。上述两种鸦片产自印度。金花土产地为土耳其,新山产地为波斯。

最早到广东贸易的是葡萄牙人。1514年，广东屯门就留下了他们的足迹，史籍记载葡船多次登陆衅边和贸易，鸦片作为舶来品也就在16世纪进入了广东。1557年葡萄牙窃据澳门，澳门原来为香山县属，当时它的海上贸易蓬勃发展，使昔日广东对外贸易异常活跃的口岸，诸如新宁（今台山市）之广海、望峒、奇谭、香山之浪白、十字门，东莞之虎头门、屯门、鸡栖风骚尽失。葡萄牙即利用占据澳门的有利条件走私鸦片。其他各国来华商船都由东莞入口，立即赴关上税，而葡萄牙商船则由十字门入口，停泊澳门，免去向粤海关纳税，在澳门卸下货物，由中国商人去买，然后赴关上税。他们利用对华贸易的特权，即中国政府对他们的进口货物不稽查，进行鸦片走私，从此澳门成为鸦片市场。

据马士记载，葡人运入中国的鸦片取自他们在印度的据点卧亚和达曼，最初每年输入量不超过200箱，1767年增加到1000箱。1773年以前，葡萄牙人凭借地利之便，一直扮演着对华鸦片贸易的主角，实际上垄断了两个多世纪的对华鸦片买卖。1773年以后，他们的对华鸦片贸易虽被英国超越，失去先前的风光，但鸦片贸易依然不减。1800—1839年，葡萄牙走私进入广州、澳门的鸦片共76627箱。

1600年，英国成立东印度公司，作为英国对东方进行殖民侵略的重要机构。18世纪初，东印度公司通过扩张活动控制了印度，开始在印度发展殖民地经济，在他们控制的那些地区建立鸦片生产基地。

1773年起，英国取代葡萄牙垄断了对华鸦片贸易。这一年是东印度公司把孟加拉、比哈尔和奥理萨3个地区所产的鸦片垄断权据为己有的一年，也是葡萄牙完全操纵向中国进口鸦片权的最后一年，同时又是英国商人把鸦片从加尔各答输入广州最早的一年。此后，广州的中外贸易被东印度公司垄断了大部分。

与东印度公司狼狈为奸的是港脚商人，他们是那些往来于中国、印度之间进行贸易的印度和英国的散商。港脚商人的港脚船虽不属于公司，但它却是由东印度公司发给特许证，并在公司的一般控制下进行航运和贸易的。在东印度公司垄断贸易时期，所谓港脚贸易基本上就是印度鸦片的走私贸易。东印度公司虽靠行政立法攫取特权，但到底未能阻遏散商贸易的发展趋势。1782年，广州第一家洋行——柯克斯·理德行的出现冲破了东印度公司垄断的藩篱。由于散商洋行的冲击，加上中国政府禁烟，1800年，东印度公司宣布放弃在广州的鸦片贸易。

鸦片贸易是广州外国私人企业兴起的经济基础，鸦片贸易的发展助长了洋行的羽翼。广州的外国洋行与印度散商保持日益广泛的代理业务，使其获得了某种程度的垄断地位。例如莫克尼亚行一家所代理的印度散商，在孟买一处即达50家以上。1829—1830年，这家行号就对华独销了5000余箱鸦片，价值达450余万元，占当时中国鸦片进口总额的1/3。东印度公司垮台前，怡和洋行和颠地洋行经手的贸易额即占广州贸易总额的2/3。在这种形势下，1834年，东印度公司结束了对华贸易的垄断权,广州也出现了散商竞设行号的热潮,由1833年的66家增至1837年的150家。鸦片战争前,广州的鸦片贸易即为这些行家操纵。

1784年,美国商船"中国皇后"号首次驶抵广州,这艘船广州之行的鸦片贸易见闻,对美国商人参与对华鸦片贸易起了重大作用。1805年,美国对华鸦片贸易至少有102箱土耳其鸦片经黄埔港运入广州。在1834年英国东印度公司对华贸易特权取消前,美国一直独家运销土耳其鸦片。他们的对华鸦片贸易很快超过葡萄牙、荷兰等国跃居第二位。1813年,他们又找到了新的财源,在贩运土耳其鸦片的同时,又开始贩运利润较高的波斯鸦片。据东印度公司估计,1817年美国运来广州的鸦片达1900担,而各国运来中国的鸦片总数为4500担,美国鸦片占了42%,后来受印度鸦片产量增加、价格下跌的影响,美国鸦片贸易受到打击,但他们也寻求各种途径扩大鸦片贸易。1821年,英国允许美商贩运印度鸦片,使美商获得了最大的鸦片来源。1827年后,美国的鸦片贸易迅速发展。1828—1840年,美国大约贩运来华7372箱鸦片,超过了美国历年鸦片贸易的总和。

美国对华贸易的迅速发展,是美国政府包庇、纵容美国烟贩积极参与并不择手段走私的结果。"中国皇后"号司货员山姆·萧回国后写了一册宣扬对华鸦片贸易的游记,后来他被美国任命为第一任广州领事。第一个建议贩运土耳其鸦片的,则是美国驻麦那(今土耳其的伊兹密尔）的领事司徒亚特。美国领事参加鸦片走私是众所周知的事实，美国国旗常被用来掩护鸦片走私。鸦片战争前，在广州的美国洋行及商人，除了奥利芬，都参加了鸦片走私活动。这些美国烟贩阴险诡诈、不择手段，以武装走私和卑鄙行贿的手段，成为鸦片贸易新势力。

3 鸦片走私网

　　葡萄牙占据澳门后，建立了最早的鸦片市场。英国人贩粤鸦片最初在澳门南面云雀湾设立鸦片趸船，作为鸦片贮存站。1780年停泊在云雀湾的英国鸦片船有2艘。为了维护澳门这独有的鸦片市场，独占财源，澳葡政府极力排斥英国鸦片进入澳门。英国商人在多次请求进入澳门贸易失败和云雀湾被中国政府注意后，改变了鸦片囤积地点。1794年，英商竟开着载有300箱鸦片的船只闯入黄埔，黄埔从此成为藏污纳垢之所。1800年，清政府加强查禁鸦片入口，鸦片贸易复转移澳门，在澳门设立一个贮存站。澳葡当局允许英船运鸦片入澳门每年5000箱，但英公司须每年交纳澳门海关10万两作为交换条件。1815年，澳葡当局恢复了原先禁止非葡萄牙船运载鸦片在澳门上岸的旧例，英国也感到葡萄牙的勒索无度，因此黄埔的鸦片走私贸易再度兴起。1820年，两广总督阮元受命禁烟，掀起第一次禁烟高潮，黄埔等地广东内河的外国鸦片船被驱逐殆尽，内河的鸦片贸易得到禁绝。但是暂时挫折并不能使这些烟贩销声匿迹，退出黄埔后，鸦片贩子便选择伶仃洋作为鸦片贸易的新据点。

伶仃岛在虎门附近的大鱼山洋面上，离珠江口外12里，其水路四达，为帆舶必经之地，凡福建、江浙、天津之泛海者，都能"就地交免"。其岛高尖独峙，代有居民，山可御东北风，若临风暴，又可将趸船驰避对面金星门，实为理想的趸船寄碇场所。

首先到伶仃洋草创"趸船"事业的是孖地信和他的鸦片船。1821年冬，和孖地信有联系的吃船、哦呢船、啦呾船以及美商的噷啦船4只，贩土入粤被逐，这4只船离开虎门后就同航伶仃洋，其中吃船在此客居了3年之久。孖地信的创举很快就被莫克尼亚克行和颠地行所仿效，他们合买了"萨马龙"号船作为趸船。"犹金花"号、"詹姆西亚"号和西班牙双桅帆船"克罗加将军"号不久也加入了行列。伶仃洋的趸船最初仅有5艘，至1826年已达25艘。

这些趸船，用于贮存从印度等地运到的鸦片，凡载有鸦片的趸船，一般先驶泊伶仃岛，把鸦片卸进趸船，然后再载合法货物及鸦片样品前往黄埔，并去广州大窑口议价。起初趸船每箱鸦片每月栈租7元，不久就因竞争减至5元，这份收入对趸船船主是一个刺激，促成了伶仃洋趸船的麇集和鸦片贸易的兴盛。

为了便于走私鸦片，鸦片贩子在广州设立了大窑口。

大窑口又称窑行，多设在广州十三行联兴街一带，以开设钱店为名，暗中包售烟土，奸商根据鸦片样品在此议定货价，并立券为凭，每箱缴纳"定钱"50—100元，掴客凭单到趸船缴付差额后提货。

沟通趸船和大窑口的运输工具为"快蟹"。"快蟹"又称"快鞋""蜈蚣船"，以桨多形似蜈蚣而得名，是包揽走漏之船。船可容纳数百人，帆张三桅，两旁尽设铁网，以抵御炮火，船的左右有五六十只快桨，来往如飞，其船长驱直入，遇官方巡船时，则抗不泊岸，追之则瞬时逃脱无影，有时还枪炮相向，对抗巡船。关吏因怕受责而多不敢报告。所以"快蟹"白昼公行贩私，肆无忌惮。1821年，"快蟹"穿梭往来于伶仃洋和广州大窑口之间，已有一二百只之多。

大窑口为鸦片总批售处，"快蟹"把鸦片运贮大窑口，再由大窑口分发各省小窑口，省城的窑口，有20余间，日销黑货20余担不等，每间每月派规银百元。南雄、韶关本无窑口开设，于1840年后出现10余间。

广州联兴街的"大窑口"成为各省烟贩往返流连之地。各省私贩在此谈妥买卖后，再到趸船提货。他们的生意，由"快蟹"包送，出境必由之口，如南海属之仙馆汛、阑石汛、紫洞口、落松海口，香山属之黄圃，三水属之西南汛、芦包埠等处。

1834年是伶仃洋鸦片走私最猖狂的时期，这一年，东印度公司结束对华鸦片贸易垄断权，各国自由商人在鸦片贸易上各显神通。在走私手段上，也追求效益，一改先前那种先出售样品，委托经销人经销，凭单到趸船提货的方式，而发展到从伶仃洋岛趸船走私鸦片，在岸上向买主交货。据统计，当时30吨到300吨的鸦片走私船，在虎门外面有50只，在内河里有30多只，从城东的虎门到城西的花地，差不多沿河各处都成为这种贸易的舞台。

伶仃洋上的贩运鸦片的船只

伶仃洋鸦片贸易的出现，使鸦片贸易进入了高峰期。为了适应走私，鸦片贩子在运输工具上推陈出新。美国烟贩为了与英国人竞争，在改进运输工具上绞尽脑汁，决定改用飞剪船走私鸦片。飞剪船有两个特点：一是这类船只比其他船只的速度快，二是这类船只一律装备重武器。以美国"羚羊"号为例，每侧都装有两门炮，另外在船当中还有一尊旧式海军炮。主桅四角的架子上，层层叠叠地排列着攻入敌船时所用的长矛，后甲板上则装手枪和朴刀等大军械。

美国鸦片贩子的新法，不久就被英国烟贩仿效。怡和洋行在东印度公司解散以前所开行的鸦片飞剪船即不下10艘，1834年以后更加拥有一支坚实快速的飞剪队。飞剪船很快就成为鸦片走私的先锋。鸦片飞剪船可以不受印度洋季风的影响，逆季风航行，因而能在一季内自加尔各答运大量鸦片到伶仃洋。怡和洋行的"红色海盗"号、"气仙"号、"发尔康"号和宝顺洋行的"水妖"号，乃是当时在中国沿海走私最著名的几艘鸦片飞剪船。以"红色海盗"号为例，它一次可载重鸦片800箱，比一般船多500箱；它从加尔各答到广州的行程只需40多天，而一般航船行程需3个月。而英国飞剪船"安东尼奥·佩雷拉"号于1837年12月9日从伶仃洋启程，12月30日驶抵加尔各答，仅用了21天，创造了当时木帆船航速的最高纪录。飞剪船一年可于中、印两国往返3次，速度和设备都比一般鸦片走私船先进。

　　随着鸦片贸易的发展，外国轮船也参与到对华鸦片贸易。飞剪船的出现为鸦片贩子带来了运载快速、载重量大的便利，但仍然不能满足大规模运载鸦片的需要，于是以蒸气轮船拖带鸦片木船便首先被应用到鸦片贸易上来。1830年4月，英轮"福士"号拖带着装有840箱鸦片的"杰姆苏娜"号从印度驶抵伶仃洋抛锚。这是在中国海上见到的第一艘外国轮船。以后航华轮船逐渐增多。1835年，另一艘轮船"渣甸"号驶抵伶仃洋后闯入虎门，拟穿行澳门、伶仃洋和广州之间。至鸦片战争时，参与鸦片贸易的轮船已达20艘。

在鸦片贸易泛滥的同时,广东也成为国内鸦片买卖的贮存站。许多大烟贩在广东策划了鸦片内销计划。早在1823年6月,孖地信就让他的鸦片船"桑瑟罢士梯安"号驶向福建福州,而在伶仃岛停泊了3年之久的鸦片趸船吃船,也在他的命令下东渐北进。1828年,差不多所有的鸦片船都沿着吃船划过的波澜接踵而至。之后,广东与福建交界的南澳岛也出现了趸船,作为供应与伶仃洋联系的双桅船的贮存站。

鸦片贩子能畅通无阻,在森严禁令下公开做大宗鸦片生意,主要是由于沿海巡船的受私放纵。巡船是1826年由两广总督李鸿宾创始。1832年,巡船因参与不法走私而被废止。1837年,两广总督邓廷桢复设巡船,但任用的却是一批贪私官员。广东水师本多沿海之人,他们与沿海贩烟之民有千丝万缕的联系,而多数在参加水师之前就以经营鸦片窑口为业,参加水师后,转为以护私渔利。巡船每月受规银36000两,放私入口,鸦片贩子每万箱鸦片许以数百箱与水师报功。巡船常有放空炮、虚张声势为鸦片船打掩护的,甚或以师船代运进口。

林则徐到广东后,实行了一系列严厉的禁烟措施,打击了鸦片贩子的气焰。各口查缉严紧,烟土销路日稀,整箱烟土不能运进内洋,而烟贩新旧烟土堆积如山,装满鸦片的兵船常游弋外洋,伺机抛售。白天则暗放舢板,分运烟土,潜赴偏僻水域,以木片为招贴,写明"鸦片一个洋银几圆"字样,于潮涨时随流逆入各口内,诱人售卖。甚至不惜亏空血本,引诱烟民。公班土一箱,贱售至洋银五六元;先后缉获的烟犯,也供称有以鹅鸭一只兑换公班土一箱的;又对私贩施以笼络政策,对买过一两次的,可给赊烟。

查顿、颠地相继被逐回国,以孖地信为首的在华鸦片贩子仍不思收敛,继续贩烟。他们利用禁烟运动大肆进行鸦片的投机活动,以贱买贵卖方式尝了不少甜头。而他们被逐出广州后,便以船为家,徘徊于香港等沿海岛屿。孖地信在威臣船上建立怡和洋行的营业所,宣称"不论发生了什么事情,我们的洋行都要在这附近力求固守一个流动的海上阵地",由其可见鸦片贩子的利欲熏心。

由于英国商贩臭名昭著,如果他们的船挂着英国旗往往成为官船追捕的目标,于是他们便改挂外国或中立国国旗在广州进行鸦片贸易。查顿—孖地信行有许多船的船名和国旗经常变换,丹麦国旗出现最多,主要是孖地信仍然是丹麦领事,瑞典和普鲁士国旗也被利用,更曾租了一次汉堡船,另外他们还寻找美籍代理人代理鸦片买卖。而美国人此时也利用中英贸易上的决裂,乘机控制鸦片市场。林则徐收缴鸦片时,他们只上交从印度转贩的1540箱鸦片,将自己所有的土耳其鸦片藏在商馆内,一箱也不交出,而且以高价兜售,继续积极贩运鸦片。

4 贩烟组织和烟商

怡和洋行 怡和洋行,亦名"渣甸洋行""查顿—孖地信洋行"。怡和洋行的历史,可以追溯到1782年的科克斯·赖德商号,它是广州第一家外国洋行,主要经营英国、印度、中国三角贸易。1793年易名为卑路洋行,1824年再更名为莫克尼亚克洋行。莫克尼亚克是一个从18世纪末就在广州和澳门两栖贸易的老牌鸦片贩子。莫克尼亚克洋行于1825年和1827年先后接受了两个鸦片贩子查顿和孖地信入伙。1832年,莫克尼亚克回国另谋财路,查顿和孖地信遂联合改组莫克尼亚克洋行,行名也以行东查顿和孖地信联名命名,而"怡和"作为别称行名也同时使用,并沿袭至今。鸦片战争前,这个洋行有"奥斯丁"号、"扬口棱"号、"海斯夫人"号、"红色海盗"号、"劳德莱总督"号、"希腊"号、"奥米加"号、"喳顿"号、"哈里特"号、"维纳斯"号和"珊瑚"号等鸦片走私船。它是英商在中国偷运鸦片的最大公司。鸦片战争后,怡和洋行总部从广州迁移香港。

宝顺洋行 宝顺洋行是一家历史不短并发展迅速的洋行,它的历史可追溯至1807年开张的巴林洋行,由东印度公司的代理人乔治·巴林创建,后因另外两个公司代理人莫隆奈和罗伯茨加入,而改名为巴林—莫隆奈—罗伯茨洋行。1811年,这个洋行又有一个在广州以葡萄牙人名义常驻中国的苏格兰人大卫逊(Davidson)加入。1813年该行改名为大卫逊洋行。其后颠地加入,又改名为宝顺洋行。它拥有一些在中国走私鸦片的著名快艇,如"水妖"号、"伊芒特"号和"韦德·戴雷尔"号等。它是英商中仅次于怡和洋行并有能力和怡和洋行竞争的鸦片走私公司。

旗昌洋行　旗昌洋行为美国人开设,是美国资本最早在中国设立的机构。前身为1818年由美商船主罗塞尔与布朗埃维的大班阿密顿于广州开设的行号,开创伊始,曾规定"开业五年"。1823年期满,重行改组,并于次年1月1日起正式营业,即罗塞尔·斯塔基斯公司。该公司后来改组为旗昌洋行。在相当长的一段时间内,这家洋行只经营代办业务,后来经营鸦片走私。从19世纪30年代起,旗昌洋行即备船只大规模从事中国沿海鸦片走私生意。到第

旗昌洋行

一次鸦片战争的时候,它在广州的地位甚至已超过怡和洋行。旗昌洋行拥有许多美国特制的飞剪船武装贩运鸦片,如"玫瑰"号、"气精"号、"西风"号、"妖女"号、"羚羊"号、"安格洛纳"号等。它是广州第三大走私鸦片洋行。

查顿　威廉·查顿（William Jardine,一译渣甸,1785—1843）,原苏格兰顿弗里郡人,本是牙医。1802年首次来到远东。1803—1814年,在英国东印度公司来华贸易商船"布隆斯章克"号、"格拉童"号、"温德哈姆"号上先后担任助理外科医生和外科医生。10年间他利用"优越吨位"的权利,靠贩运鸦片起家。1816年他回伦敦时已是著名商人。1818年,他再度赴印度,与孟买一个鸦片巨头弗拉姆季·考瓦斯季合伙,买了一条"萨拉"号商船,专营鸦片。1819年,他完全脱离东印度公司,把在中国的业务委托给常驻广州的鸦片老牌烟商莫克尼亚克,自己则坐镇孟买,调度对华鸦片走私贸易。1825年加入莫克尼亚克洋行。1828年与同国鸦片烟贩孖地信联合改组莫克尼亚克洋行,创建了怡和洋行,鸦片买卖从广州沿海做到渤海湾,并以一封"多多分红,从优报酬"的信罗致普鲁士传教士郭士立为通译,利用郭士立久居中国、谙熟风土人情和懂中国话的优势,实现其规模宏大的沿海鸦片走私计划。

查顿为人机诈百出,无孔不入,时人称之为"铁头老鼠",在中国声名狼藉,为朝野人士所痛恶。1836年,许球的《请禁鸦片疏》已检举其不端行为，道光皇帝也为此着邓廷桢查处。林则徐尤深恶其人，说："鸦片之到处流行，实以该夷为祸首。"1839年1月30日起，禁烟运动风声日紧，查顿惶惶不可终日，最后不得不选择归国避祸之路。他回国时已拥有100万英磅的财产，成为英国商界的一个知名人物。1841年，他轻易地买进银行世家史密斯家族的股权，并担任苏格兰阿希布顿的下议院议员。

颠地 颠地（Lancelot Dent，1799—1853），英国人。1826年，颠地来到广州，加入宝顺洋行。1831年，他成为宝顺洋行的主要负责人。他在广州与查顿齐名，也是当时著名的鸦片走私贩子。颠地大量鸦片走私，在鸦片战争前早已臭名彰著。1836年，许球的禁烟奏折中提出查拿颠地。1839年，钦差大臣林则徐在广州查禁鸦片，认为"颠地诚为首恶"，3月22日下令捉拿，并采取措施迫使英国商馆交出匿藏的鸦片。5月24日，颠地奉命具永不再来甘结之后，被林则徐驱逐出境。

孖地信 詹姆士·孖地信（James Matheson，又译麦迪臣、孖地臣、马地臣，1807—1889），原苏格兰色得兰郡人，其父为苏格兰贵族。孖地信早年毕业于爱丁堡大学，从商生涯始于印度，他于1813年到加尔各答他叔父开设的为金陶亚公司当会计。他1819年初到广州，直至1841年离开中国，20多年间除两次暂时离开，一直在广州和澳门往返贩烟。他到广州时，最先在西班牙、丹麦商行辗转任职，为了摆脱东印度公司的束缚而领了这两个国家的通商执照，走私鸦片肆无忌惮。1823年，他乘载满鸦片的西班牙商船，悬西班牙国旗，沿中国海岸贩烟，首辟东南沿海走私航道，并从此连获暴利。1827年加入莫克尼亚克洋行，随即于1828年与查顿联资创建怡和洋行。林则徐南下禁烟前，已秘密监视他的行动。1840年，孖地信被林则徐驱逐出境。1843年，他当选英国国会议员，后受封爵士。

5　民间吸食鸦片之风

鸦片输入中国之初，主要是当药物使用，课税入口，是时仍只限于吞服，或单独吞食，或和以他药煎汤饮服。17世纪初，荷兰人把南洋人"煮土成膏，镶竹为管，就灯吸食"的吸食方法传入台湾，再由台湾传入福建沿海，吸食鸦片的风气遂告形成。广东在"康熙、乾隆年间，人皆俭朴老实"，及至嘉庆、道光年间，"闽广沿海居民，已皆有嗜鸦片之癖"。开始时不过为纨绔子弟习为浮靡，之后上自官府缙绅下至工商优隶，甚至妇女、僧尼、道士，亦多吸食。清人颜伯焘曾记述自己三次回乡的鸦片见闻：

> 初次回籍，在嘉庆九年，彼时连平州吸者不过数人，已为指摘所归。二十一年，臣再复回籍，连平州吸者多至数十人，然犹掩藏甚密。迨至道光十三年，

臣又回籍，则连平州吸烟者，竟不可以数计。吸者因不避人，见者亦恬不为怪，尤可异者，贫民贱役，糊口维艰，可以日不再食，而烟则在所必吸。若纨绔子弟，有力之家，染此恶习者，更不必问。

颜伯焘的记述，是广东社会吸食鸦片风气的一个缩影。嘉庆、道光年间的广东，鸦片无所不到，"粤中鸦片满地，虽乞儿亦啖之"，连以乞讨为生的乞丐也加入吸食者的行列。更为严重的是军营也弥漫吸食鸦片的风气。1832年8月，广东奏猺事言："调至连州，军营战兵多有吸食鸦片烟者，兵数虽多，难于得力。"（雷王晋《蓉城闲话》）可见广东民间吸食鸦片风气之盛。

广东民间嗜食鸦片之风，使民间充塞了形形色色、光怪陆离的烟具。主要流传的有烟枪、烟灯、匿烟物。手艺之人，喜其销路广阔，奇技淫巧竞相传习。烟枪皆为烟袋铺所出，多为竹物，亦有削木为之，其枪头裹以全银锡，枪口亦饰以珠宝、玉器、金箔之类，以炫示其名贵。广东有一种漆饰的甘蔗枪，形酷甘蔗，为民间吸食者所用，广东烟斗以洋磁为上品。沉溺鸦片之人，直以其枪为性命。烟枪以旧枪为贵，烟枪用熟后，枪内有烟油久渍，方能适口，故一枪有值数十金、数百金者，甚至父子兄弟间，亦不相假。灯为吸食鸦片者必备之物。其上为铜盖，罩为玻璃，中储以油，捻棉纱为芯，明灯后即可以烟枪就火吸食。广东有一种广州灯，其形较高大，有通体以玻璃制成者，透过灯体可窥油之深浅，因而成为吸食者的抢手货。

烟禁甚严时，那些未能戒断烟瘾的人，用尽方法对抗官府的查缉，于是出现了奇形怪状的匿烟物。如团扇烟斗，曾被广泛利用，团扇为牙柄，空其柄便可藏烟。还有水烟管，可制夹底，烟可置于夹层处。最诡秘的是铜制烟盒，盒的底部嵌铜钱一枚，盒旁盘作铜钱垒叠，纹盒中亦作方管，自底透面，携带时以钱串贯之，状如五六十文钱，烟可隐入密处。这种烟盒可携大量的鸦片且方法诡异，为当时吸食者时髦之物。

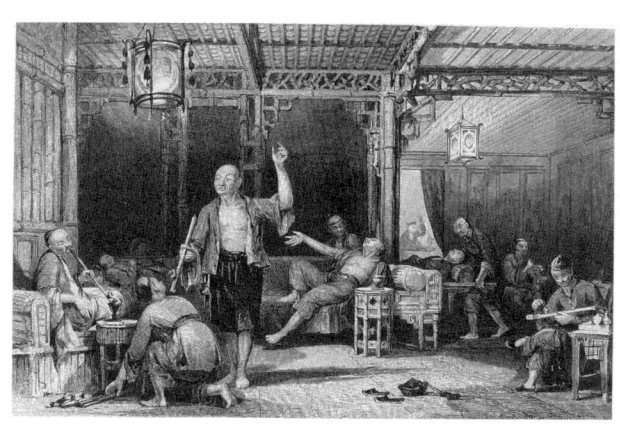

鸦片烟鬼

鸦片在中国泛滥后，白银大量外流，破坏了中国的财政金融。清朝国库出现"银荒"危机，起初粤洋与内地通市，只许以货易货。鸦片流入广东后，因其为违禁品不敢公开贸易而开始了银货交易。随着鸦片输入的逐年增多，白银大量外流。鸦片战争前，广东白银外流严重，经外商统计，1837—1838年自广州输出的白银近900万两。

白银的外流导致白银与铜钱比价的失控，原来银钱有一定的比价，1729年规定"每银一两只许换大制钱一千文"，此后数百年内"钱价总不过一千一百文内外易银一两"，到1838年则"每银一两易制钱一千六百有零"。"银贵钱贱"的现象直接威胁到清政府的财政收支，统治阶层在鸦片战争前深为"将无可充饷之银"的"银荒"而担忧。倡导禁烟先驱黄爵滋在其主张严禁鸦片的奏折（《筹办夷务始末》卷二）中曾经指出了这种危机：

> 各省州县地丁漕粮，征银为多，及办奏销，皆以银易银，折耗太苦。故前此多有盈余，今则无不赔垫。各省盐商卖盐俱系钱文，文课尽归银两。昔则争为利薮，今则视为畏途。若在三数年间，银价愈贵，奏销如何能办？税课如何能清？设有不测之用，又如何能支？

地方政府税收上缴不齐，积年拖欠，影响了国库收入的增加。

鸦片的输入还加重了农民的负担。银价的高涨扰乱了中国的货币流通，首当其冲的是农民和手工业者，因为他们出卖自己劳力换来的是铜钱，但向官府纳赋时要按银价折算。19世纪初，缴1000文铜钱即可折为白银1两，当时谷1石值铜钱五六百文，农民卖谷2石，完税1两，尚有余钱。到1839年则需缴1678文铜钱才能抵白银1两。农民完税2两就得卖谷3石左右。政府通过银钱折价，弥补自己的一些亏额，却损害了农民的利益。地方上有的"肉食者"把钱燃于烟榻上，却把费用转嫁给农民，给农民的生计造成了极大的困难。

民间吸食鸦片则是自我洗劫。久惯吸食之人，直以烟为生命，餐可不食，但鸦片不可无，他们在吞云吐雾中耗尽金银，倾家荡产。人民"竭其终岁之操作，不足以偿暗室之一灯"。许多人家为此流离失所、哀鸿遍野。吸食鸦片还直接危害吸食者的身心健康。鸦片作为药剂，少量服饮，尚有止泻、镇痛的疗效，对疲惫困倦者也可提神。但鸦片是一种特殊的毒品，最能迎合吸食者的脾胃，一旦吸食，便瘾头难消。吸食鸦片是一种慢性自杀，有一定烟龄的人，骨瘦如柴，面黄肌瘦，精神萎靡，寿命缩短，由强壮而衰弱，由衰弱而疾病，由疾病而死亡，一步一步迈向坟墓。

鸦片的输入，还严重地败坏了广东官场风气，使世风日下。鸦片的厚利，使广东查禁鸦片的官吏见利忘义，大收贿赂，"水师有费，巡船有费，管汛有费，差保有费，窑口有费，自总督衙门以及关口司事，无不有费"。烟贩也投其所好，大肆行贿，东印度公司曾为行贿加收鸦片税作为行贿专款，每箱40元。负责执行禁令的地方官吏被鸦片贩子以现银和鸦片买通，他们的交易是："议定规银，每箱若干……此项银两，皆预备在英国或他们鸦片船上，以便分派，或在船上取，或在省城交收，然亦有将鸦片准折①，每次自一箱以至一百五十箱为止，却无定数。鸦片运到广州后，烟贩可赁居旗兵房屋匿烟，连广东沿海炮台也敞开纳贿。如夷船一时不能进口，往往寄顿于炮台左近。"每年从广州北上进贡皇帝的船只也成了偷运鸦片的工具。沿海巡查官员兵丁如此胆大妄为，主要是依仗广东大吏的包庇、纵容。邓廷桢在粤主政期间，对水师中卖放②走私的官员，大加包庇。署标中军韩肇庆及其属下徐广等长期放纵索规却反而获嘉奖。道光皇帝得到举报后谕令"严缉容办"，但在邓廷桢的包庇下，这些水师官兵居然能安然无恙，仍司旧职，继续为所欲为。

地方上的官吏也借查禁讹诈勒索，如新会县九品职衔③周如龄，因素知同县之张亚信家底殷实但胆小怕事，遂与人合谋携带烟枪一支、烟盒一个，诬指为张亚信之物，将其提控，以图诈银300两。还有假查鸦片之名，公然闯进民房抢夺财物的，如罗定人李亚，纠合同伙携带烟膏，至番禺县桑周氏家借搜查鸦片为名，抢得番银及首饰衣服等物。未有栽赃而凭空讹诈的案件也屡有发生。

---

① 准折：变卖，折价。
② 卖放：即受贿。
③ 职衔：官衔中的职役。

6　广东禁烟

在对外贸易中的特殊地位使广东鸦片泛滥。"广东……近年以来,多沉溺于鸦片烟,以致传遍海隅,毒流天下,推其源则为作俑之始,究其极几成众恶之归,各省之贩鸦片者,不曰买自广东,则曰广东人夹带而来也。吸食鸦片者,不曰传自广东,则曰广东人引诱所致也。"因此广东成为中国主张禁烟的各界人士所注目之地,成为清源革弊的前线。从嘉庆起,广东多次开展禁烟活动,但都因吏治腐败和烟贩不择手段破坏而夭折。

广州十三行宴请清朝官员图

清政府的最早的禁令是在1729年所发,那时明令只针对国内的贩烟和吸食活动,未禁入口,直至乾隆以前,海关则例仍在药材项下订有鸦片税银,所以当时皇帝的谕令未能触动外来鸦片盛行的广东的根基。

嘉庆以后,广东的禁烟始见成效。1799年,两广总督吉庆奏请"不许贩卖,犯者拟罪,递加至徒流环首",是"立法不为不严"。(《筹办夷务始末》卷一)1810年4月,因北京广宁门搜获携带鸦片进城之杨姓烟犯而重申禁令,广东和福建的督抚同时收到谕令,要求查禁鸦片,断其来源。1815年4月,根据两广总督蒋攸铦所奏《查禁鸦片烟章程》,规定外船至澳门时,"按船查验,杜绝来源",并确定了官吏禁烟的奖惩办法。

1821年,嘉庆帝去世,道光帝登基,鸦片禁令复严。1822年,两广总督阮元和巡抚嵩孚接旨后即布置广东各海口的鸦片稽查,仅在下半年便在澳门查出5宗大烟案,其中包括拿办澳门烟贩叶恒树,加以禁锢。同时阮元以十三行总商伍敦元遁隐外船夹带鸦片,请旨摘去其三品顶戴,并申令"凡洋船至粤,先令行商出具所进黄埔贸船并无鸦片具结,方准开舱验货",如有夹带,即将行商照例治罪,并有"开馆者议绞,贩卖者充军,吸食者杖徒"的规章(《清代外交史料》)。同年11月和12月间,伍敦元戴罪与众保商查出禀明港脚商吃船、啦呕船、咷呢船及美商噷哦呛船4只,夹带鸦片烟泥,除罚银归库充公外,原船即令逐回本国,永不得再行来粤。同时封锁了澳门和黄埔两个鸦片走私据点。阮元领导的一些禁烟活动,使贩烟活动一度陷入瘫痪,各国烟贩不得不退出贩烟老巢——黄埔,外国船只被成功地阻挡在粤江外面,直到伶仃洋鸦片贸易的兴起,才再死灰复燃。

1836年9月19日,道光皇帝把朱樽、许球的原奏转给两广总督邓廷桢等,让他们把许球奏内所指出的那些走私鸦片的奸民、行商及兵丁等,严密查拿,着"悉心妥议,力塞弊源,据实具奏"。

11月23日,广州下令驱逐与鸦片贸易有关的9个外国烟贩。

1837年6月22日,广州下令取消所有渡船,因为它们在广州水路偷运鸦片。大烟贩查顿1837年11月写道:"由于当局防范甚严,烟泥市场每况愈下。"(格林堡《鸦片战争前中英通商史》)

1838年,是广东酝酿大规模禁烟运动的前夜,广东不少禁烟行动见诸实施。先是广州爆发了万人大示威,呼吁禁烟,随后在民众的推动下,总督命令处死了一名中国烟贩,刑场就在商馆附近的广场上,英商派人干扰刑场的行刑,激起公愤,近万名民众包围了英国商馆,抗议他们破坏中国禁烟,有力地支持了禁烟运动的开展。

7 林则徐虎门销烟

鸦片烟毒泛滥后,对中国产生了强大的冲击,鸦片被公认为"中原一大害"。然而，在除害办法上，统治阶层内部分化为弛禁和严禁两大营垒。1836年曾任广东按察使的太常寺卿许乃济以《函请变通办理折》，公开了两派矛盾，他在奏折中主张：放弃禁烟政策，允许鸦片按药材入口纳税，只准以货易货，不得用白银购买；民间贩卖吸食，一律勿论，只禁文武员弁、兵丁等吸食；同时允许内地种烟。他认为通过这些变通办法，可以解决统治危机和财政危机。弛禁派势力很大，领班军机大臣穆章阿、直隶总督琦善、云贵总督伊里布等大吏都属于这一派。当时两广总督邓廷桢、巡抚祁𡎴、海关监督文祥曾讨论覆奏支持这一主张，并制订《弛禁章程九条》，对弛禁方法加以充实和具体化。

然而，鸦片的严重危害使统治阶层中的少数开明官员不忍熟视无睹。他们一致主张采取果断措施，严厉禁止鸦片的吸食和输入。鸿胪寺卿黄爵滋、湖广总督林则徐，是这一派的代表。1838年6月，黄爵滋呈递《请严塞漏卮以培国本折》，主张对吸食鸦片的人限期戒绝，过期犯禁处以死刑。当时湖广总督林则徐以筹议《严禁鸦片章程折》六条，赞成黄爵滋的意见，同时表达了自己完整的严禁主张。其中"若就泄泄视之，是使数十年后，中原几无可以御敌之兵，且无可以充饷之银"的醒世警话，震动了正在动摇不定的道光皇帝，使他下定禁烟决心。道光皇帝以一些禁烟行动为正在酝酿的禁烟运动大造声势，如将吸烟的官吏废黜为民，将上奏首倡弛禁的许乃济降职。另外，广东大吏也被严禁派争取过来。1838年年底，林则徐被道光皇帝任命为钦差大臣，驰赴广东查禁鸦片，并令水师归其节制。

林则徐于1839年3月10日到达广州，开展禁烟运动。他实行内外根治政策，在对外实行一系列雷厉风行的禁烟措施的同时，对民间的禁烟活动也紧锣密鼓地进行。他惩办了长期受贿包庇鸦片走私的水师官员蒋大彪、梁思升、徐广、王振高、伦朝光等人，并在民间实施了一些有力的禁烟措施，如"编查保甲"制度，民间有五家连坐之条，如一家犯法，其余四家告发，否则与之坐罪。令营兵"严行五人互保"，文武生员也"五人相保"。为掐断海陆以及民夷联系，船家也实行保甲制度。令口岸澳保甲悉编制船号，于风帆两面及船身两旁，用大字书写姓名。后又札示沿海县营，如有夷船窜到辖区，无论内洋外洋，附近各船均要暂禁出口，等夷船远遁，才允许口内开船。其平时出入夷船逐一验查，只许带一日之粮，不得多携带食物，更不许随带银两洋银出口。在查拿烟犯、收缴烟土、烟枪的过程中，除敦促地方官吏尽职尽责外，对于偏僻乡里，不惜出重资购线查拿。采取这一系列措施后，硕果累累。在1839年约一年内，广东破获烟案数百件，逮捕人犯2200名，收缴鸦片约71万两、烟枪约7.6万杆、烟锅726口。内地禁烟旗开得胜。

林则徐到达广州后，与两广总督邓廷桢、广东水师提督关天培勤力禁烟。他们的禁烟方针是："将已来之鸦片，速缴到官，未来之烟土，具结永断。"（《林文忠公政书》）而以收缴鸦片拉开禁烟运动的序幕。当时鸦片仍存贮在伶仃洋趸船上，鸦片贩子与行商沆瀣一气，诡计百出，对付禁烟运动。为了打响第一炮，林则徐实行了有效地打击鸦片贩子的办法。

首先，揭露英国鸦片贩子的贩烟罪行，驱逐鸦片贩子，制止他们的贩烟活动。当时外国鸦片贩子已十分猖獗。林则徐认为"鸦片之禁，不但宜于百姓，实可倍严于夷商。"（《林文忠公政书》）所以对外国鸦片贩子，林则徐充分调查他们的贩烟活动，并揭露他们的罪行，约束他们的行动、封舱封港，责令他们缴出鸦片。

其次，揭露和斥责行商的通夷行为，让他们协助责令鸦片贩子呈缴烟土。行商本是清政府委任具体办理对外贸易的，其设立是为了杜私通、防禁物。然而，当时的行商却利用他们长期操纵广州外洋贸易之便，大行受贿及与外商串买鸦片之实，甘当外夷耳目。林则徐对他们的卑劣行径深恶痛绝，召集他们给予训斥。将总商伍绍荣下狱，后又责他率众商多次抵颠地宅邸当说客，督促颠地缴烟。

再次，粉碎鸦片贩子阻挠禁烟的行动，把伶仃洋面32艘趸船的鸦片尽数收缴。1839年3月18日，林则徐到广州后，谕令外国商人将趸船上所存鸦片造具清册，尽数缴官，然而鸦片贩子对此意存观望，并未有所表示。林则徐向他们宣布了彻底禁烟宣言："若鸦片一日未绝，本大臣一日不回，誓与此事相始终，断无中止之理。"（《林文忠公政书》）并限他们3日内回禀表示态度。过了3天，因最大的鸦片贩子颠地阻挠，缴烟工作陷入僵局。林则徐饬令广州府及南海、番禺二县，通牒颠地等著名烟贩。对林则徐的强硬政策，外商知道不得不有所妥协，乃称愿缴鸦片烟土1037箱，想以此蒙混过关。

3月24日，英国驻华商务监督义律从澳门潜回广州商馆，阻止外商缴烟并准备秘密引带颠地逃走。林则徐识破其诡计，当晚下令停止中英贸易，封锁商馆，派兵把守各交通要道，安设巡船巡逻海口出入，断绝广州商馆与趸船的交通，把义律同320名鸦片贩子一起禁闭在商馆中，并撤走一切仆役和买办，限期呈缴鸦片，此后义律做了几次挣扎都被林则徐回绝。义律在无计可施后，被迫于5月18日把全部22艘趸船的19187箱和2119袋鸦片缴完。按一袋鸦片相当于一箱鸦片来说，林则徐实际上收缴了21306箱鸦片，共约238万斤。至此缴烟工作圆满结束。

缴出的鸦片贮存在虎门镇上，由林则徐亲赴沙角炮台调度各委员收缴，并请示把鸦片解往北京，验明烧毁。道光皇帝示谕：路途遥远，运输不便，难防路上偏漏①抽换，令林则徐就地"督文武员弁，公同查核，目击烧毁，俾沿海居民及在粤夷人共见共闻，咸知震警"（《林文忠公政书》）。林则徐遵谕于6月3日开始在虎门销毁鸦片，直到6

---

① 偏漏：有所偏而遗漏也。见南朝梁沈约《究竟慈悲诗》："仁被群生，理无偏漏。"

月25日才销完最后一箱烟土，耗时23天。

　　销烟方法是在太平镇海滩高地挖掘两个纵横各15丈的大池，池周插桩钉板，池底平铺石板，前面设涵闸，后通水渠，销烟时先由沟道车水入池，撒盐成卤，抛入切成细小块状的烟土泡浸半日，再掷下整块烧透的石灰，顷刻池内便沸腾起来，不焚自燃，鸦片一遇灰盐，颗粒悉化，立成渣沫，再不能收合成膏，等傍晚海水退潮时开启涵闸，鸦片遂冲下水渠，流入大海。

虎门销烟

　　在禁烟运动中，林则徐注意驱逐、烧毁走私鸦片船和对外国商船进行具结。封港后，仍有不少鸦片船继续在广东沿海偷售鸦片，林则徐动员民众打击鸦片贩子。当时广东人民反对鸦片走私情绪高昂，虎门是走私鸦片的重要航道，附近渔民、农民自动组织起来，发现走私"快蟹"立刻遍吹螺号，集合渔船，前后截击，顺风纵火，烧掉鸦片船。

1839年1月,英商船大约50余艘,停泊于老万山外洋徘徊观望,在英舰"华伦"号、"士密"号的庇护下,以鸦片换食物。林则徐鉴于水师薄弱,战术不精,发动渔艇、疍户,筹备火攻。1840年2月一个晚上,水师头目率水勇分4路合围敌船,出其不意,一齐发火,烧毁各类敌船共23只,以及烧毁海中沙滩所搭篷寮6处,烧死烟贩不计其数,活捉烟贩10名。7月的一个晚上,水师在渔民的配合下,驾火船数10只,乘敌不备,冲进磨刀洋英船停泊所,烧毁敌船2只,毙敌4人,抓获烟贩13人。

收缴鸦片后,林则徐的工作重点转入具结问题。林则徐要求外国商人具结保证"嗣后来船,永不敢夹带鸦片,如有带来,一经查出,货尽没官,人即正法,情甘服罪"。1839年4月,他拟好甘结后送出,让外国商人集体具结。美国总管士那、荷兰总管番巴臣对此具禀表明遵谕,永远不贩鸦片,但声称未奉本国明令,不能取呈具结,义律则拒绝在具结上签名画押,并指使英国商人与林则徐对抗。由于当时林则徐对义律认识不足,没有趁热打铁,具结问题被拖下一段时间。5月2日,他宣布恢复商馆交通,取消封港,但同时宣布了颠地等16个著名鸦片贩子的名单,强调他们必须进行个人具结。5月24日,他们在立下具结后大部分随义律离开粤境,前往澳门。

6月25日,虎门销烟完毕,林则徐专注对外国商船的具结事宜。7月7日,九龙的尖沙咀发生了英国水手酒后杀死村民林维喜事件,林则徐要求英国人交出凶手,义律拒绝。8月16日，林则徐进驻香山县城，谕令澳葡政府驱逐居澳英商。8月26日，英商57家全部离澳，分迁潭仔洋面的趸船及金沙咀货船，但义律顽抗到底，在具结问题上，只愿写"如有鸦片，将货物尽行没收"，而"人即正法"字样仍不肯写。在交凶问题上也"不肯送出听审"。

林则徐虽然全力打击外国烟贩，但他亦能分别良莠，既坚决断绝鸦片，又维护正当的中外贸易，区分鸦片贩子与正当商人，英国商人与他国商人，一切以具结为进口的通行证，起到了"以夷治夷"分化敌人的作用。他的这些策略取得了一些成功，得到一些商人的理解和支持。6月11日，美国货船"巴里斯"号与"楠塔斯克特"号首先具结入口，到6月底，美船已有11艘货船进口。而英商，除了那些与义律同为一丘之貉的烟贩外，一般做正当买卖的都倾向林则徐，对义律的禁令置之不理，并按中国规定具结入口。英船"担麻士葛"号与"皇家撒克逊"号也于10月具结。由于林则徐坚持"奉法者来，违法者去"的区别对待政策，到1839年底，具结进口贸易的各国货船共62艘。

英商的遵式①具结，打击了义律的抗结阴谋，引起他的恐慌。11月3日，义律率领军舰闯入珠江口，在穿鼻洋附近，以武力阻拦已具结的英船"皇家撒克逊"号入口，并和关天培所率领的中师船接战。其后，鸦片战争爆发，在外国侵略者枪炮下吓破了胆的道光皇帝对林则徐撤职查

---

① 遵式：遵照法度或规定。

办,改派投降派的琦善为钦差大臣,以大学士、署两广总督的身份到广州,目的是和英国议和,广东的禁烟运动也转入低潮。

8　鸦片战争之后的鸦片

鸦片战争后,中国战败,在枪炮下签订了一系列不平等条约。虎门销烟是中国正义的禁烟行动,而《南京条约》却规定中国赔偿英国烟价损失600万元。除此之外,未对鸦片再作任何说明,这实际上是默许鸦片的公开贩卖。而战后中国门户大开,通商口岸增辟为五口,鸦片流毒更甚。据马士《中华帝国对外关系史》记载:1840年,鸦片实售箱数为15619箱,到1854年高达65354箱。这种现状没有维持多久,外国侵略者为了推销商品,掠夺原料,扩大鸦片贸易,把中国变成他们的殖民地市场,1856年10月,英国借口"亚罗"号船事件,发动了第二次鸦片战争。战后强迫中国签订《天津条约》《通商章程善后条约》,规定鸦片贸易合法化,鸦片改名为"洋药",每百斤抽税银30两。随着鸦片的开禁,鸦片入量急骤增加,年1864年,鸦片进口为5.2万担,到1879年就增至10.5万担,它的贸易值等于广东对外贸易进口总值的一半。

广州独占海上对外贸易的格局虽被打破,但外来鸦片的输入仍源源不断，其烟毒之深重仅居上海之后。战后硝烟仍未散尽，鸦片价格就登上了《广州纪事报》。早在1844年，广州鸦片就在公开运送，并且像非违禁品一样销售。有"浮动堡垒"之称的鸦片趸船，最先停泊于距黄埔港下面两三英里的地方，1843年只有3艘，后来迁移至金星门，在那里造屋修路，作为走私鸦片的据点。1848年，停泊于此处的趸船已有8艘。

英国割占香港后，以香港作为鸦片贩子储存鸦片的基地。据香港总督指令于1850年起草的一份备忘录透露，1845—1849年，从印度运来远东的鸦片，足有3/4是贮存于香港，然后转销内地的。这些在香港储存鸦片的洋商，几乎没有一家不从事鸦片贸易的。鸦片合法化后，港英当局为了获取掠夺性利益，无视1858年条约中进口鸦片上税的规定，继续利用香港作为鸦片集散地又借毗邻广东的有利条件，鼓励鸦片走私，企图控制广东沿海贸易。19世纪60年代后期，每年自香港走私进入内地的鸦片有3万—4万箱。

澳门是又一个鸦片走私的中心。澳门的鸦片贩子为了牟取更多暴利，不愿交纳税银，依然从事鸦片走私。同时鸦片贩子通过竞设煮制鸦片的土场，把澳门变成远东加工鸦片的中心，制成的烟膏销往内地以及澳大利亚和美国旧金山等地，鸦片贩子因此大发横财。澳葡当局也分沾了加工、走私鸦片的利益，鸦片承包商每年须交纳一笔可观的烟税。1883—1885年，澳门向内地走私鸦片的数量分别达

4188担、5961.6担和6513.6担，占同年全国鸦片走私总数的15.7%、31.5%和27.5%。

广东紧接香港和澳门，所以成为鸦片走私贩子觊觎之地。鸦片走私活动频繁，使广东成为最大的鸦片漏税之口，特别是香港的鸦片走私，对广东的影响更大。香港是无税之口，四面环海，但离岸不远，粤东水路多岐，各船不论大小均可昼夜偷渡到港，洋药物小价贵，偷漏难防。从香港运鸦片入粤境的是各乡村渡船、渔船或贩私船艇，还有官巡保私的巡船，许多船配有特殊的武器装备，当遇上海关船时，他们不遵查验，并开枪炮拒捕。这些走私活动，使粤海关每年走私鸦片达12000箱，以当时每箱税银45两计，则每年损失税银54万两。

吸食鸦片的富家子弟

19世纪七八十年代，清政府财政拮据，军需孔急，要求英国、葡萄牙帮助征收南海海面上的走私鸦片的税厘，为此清政府不惜牺牲国家的利益和主权。1887年3月，英国人金登干代表清政府与葡萄牙签订了《中葡会议草约》，清政府以"葡国永驻管理澳门"来换取葡萄牙人在鸦片税厘并征方面的合作。条约规定葡萄牙帮助中国在澳门进行鸦片税厘并征，其实这只不过是清政府的一厢情愿而已。葡萄牙在得到澳门后，逐渐为鸦片走私扫除了障碍，很快与英国人掌控了港澳六税厂，并于1887年7月1日正式建立九龙与拱北两税厂取代六税厂。当时两广总督张之洞为了国家利益，曾先后就《中葡会议草约》和香港六税厂问题两度上疏抗争，坦陈鸦片税收与国家主权之利害，可惜未被采纳。

鸦片战争后输华鸦片仍然主要来自印度。1885年前，鸦片在进口货物总值中所占的比重居于首位，后来由于国内自种罂粟的逐渐增多，以及其他因素的左右，外来鸦片的地位相对降低，进口数量呈减少的趋势。1885年，鸦片进口贸易被不断增激的棉花贸易反超，退居第二位。但直到1906年鸦片进口仍然接近6万担，这一时期广东仍是鸦片的重灾区，市镇烟馆林立，洋药土药充塞市场，历年鸦片销数洋药占七成，土药占三成。洋药进口以广州粤海关最多，南海、番禺两县各烟店销数几乎占了全省的4/10，此外九龙、拱北、江门、三水各关进口洋药也占很大的比重。汕头一埠远离省城，但鸦片贸易一直炽盛，进口洋药居全省1/4，以南澳岛为鸦片贮存地。战后广东土药以汕头最多，土药贸易占有重要地位。而汕头种植鸦片也有很长的历史，早在鸦片战争前，地方官吏已上奏其地种植鸦片，鸦片贸易合法化后，汕头种植鸦片更形成风气。到了1910年，广东洋药进口18538担，土药营销7972担，共计26500担。

9　官民合作禁烟运动

鸦片战争后，清政府在各个不同时期实行不同的禁烟政策。

鸦片战争后的一段时间里，主要实行国内禁烟政策，用国内禁烟的办法来阻止外来鸦片。太平天国起义后，清政府为了抽税以充军饷，对外国鸦片和国内禁烟采取放任态度。鸦片合法化后，又实行禁官不禁民的政策。后来则长期实行提高烟税"以征为禁"的政策。

同时清政府又寻求禁止外国鸦片的可能性。在1880年《中美移民条约》等中国与外国签订的几个条约中，都明文禁止鸦片贸易。广东官府在19世纪末主要关注香港和澳门的鸦片走私活动，并为限制走私作了一些努力。1867年11月，广东巡船在香港附近拿获鸦片走私船一艘，将船只和鸦片予以没收。港督麦当奴联合广州领事罗伯逊迫使中方折价交纳缴获之物。1868年，两广总督瑞麟等在香港、澳门附近设立6个厘厂：汲水门、九龙司、长洲、佛头洲、马留洲和前山寨。两年后改为税厂,称为港澳六税厂,这6处税关向出入港、澳的中国船只抽收厘金,带征鸦片正税。1873年,广东巡船开始进入澳门四周海域巡视,缉拿鸦片走私船。1876年,长洲关口移至入澳必由之路的小马留洲。1877年,广东巡船又在香港水域截获一艘鸦片走私船,将其没收。新任港督轩尼诗向中国折价索回了鸦片和船的偿金,但以该船夜间离港,又无离港许可证,确属走私船为由,拒绝将其交还船主。这些措施虽取得一些成效,但不能从根本上解决问题。

  1906年,全国掀起了禁烟运动的高潮。一方面,清朝经受太平天国起义和义和团运动的打击后,为人民所唾弃;另一方面,鸦片严重泛滥,人民的禁烟呼声日益高涨。清政府为了改变形象,宣布严禁鸦片,采取的措施包括:10年内禁绝种植、吸食,对现有的种植和吸食者,发给执照,令其逐年减少种植和吸食量;限6个月内关闭烟馆和烟具店;推广戒烟良方;各地广设戒烟会;提镇以上官员不足60岁有吸食者,自报戒烟期限,提镇以下所有官弁学生6个月必须戒断;要求英国依年递减进口量,10年后完全停止进口,随后又规定鸦片入口改为百斤征税银350两,中国土烟每百斤征税230两。1911年5月,中英订了《禁烟条件》:中国任何省份确已根绝鸦片,即禁止他省和外国鸦片输入,广州和上海为鸦片最后根绝处。

  清政府的这些禁烟法令促进了广东禁烟运动的开展。民间首先打出禁烟的旗帜,各地相继成立了一些民间禁烟组织，而以广东戒烟总会影响最大。广东戒烟总会成立于1907年，会所设西关华林禅寺，以劝人戒烟辅助政府实行戒烟善后为宗旨，许芝轩任总理，会长则是方便医院董事陈惠普，并由九善堂总会担任组织工作，经费由商绅捐助和政府拨款扶持。广东戒烟总会给诚心戒烟者免费分赠药丸，戒烟药丸由各商家捐赠；又于西门外报资寺设戒烟留医院，容留那些因戒烟致病、无力医治的人；同时在留医院处开工艺厂为那些被烟毒所害，贫弱无力谋生的戒烟者提供就业条件，使其自食其力，专心从善。

广东戒烟总会成立后在宣传禁烟工作上不遗余力。他们在戒烟留医院开幕典礼之日雇人扮成烟人样子环城游行，宣传禁烟，演员手执烟枪，满口流涎，形状颇堪警世；一些会员也扮演烟人怪状沿途演说，劝人戒烟，声势浩大，一时观众如云，途为之塞，起到良好的宣传效果。广东戒烟总会成立后，各地相继成立了戒烟分会，其中有佛山同志戒烟社、香山戒烟分会、烟洲戒烟分会等。

在民间酝酿禁烟的同时，广东官府也为禁烟推波助澜。英国议会于1891年通过了谴责鸦片法例后，香港和南洋群岛都以提高烟价来显示"以征为禁"的姿态。当时香港每膏一两4元8毫，南洋各岛有的地方每膏一两售价高达10元。当时广州洋药一两3元，土药一两2元，是国内的最高烟价。清政府禁烟法令颁行后，广东继续沿用以前的"寓禁于征"的政策，以提高烟税来打击吸食者，让他们望而生畏。为此，从1910年起，广东开始在烟馆膏店推广牌照捐，以清查销数和限制吸食。广东各项承饷多为高包，以认饷最重者承包，而牌照捐则摒弃了这种旧办法，也排除了官长经理的烦琐和靡费，直接责成商人代缴代收。牌照捐每两抽银3毫，商人在售土时给予膏店吸户凭单，令其煮熬成膏后如数缴捐。为了鼓励商人的工作，牌照捐款八成归公二成归商。另外还设有牌照稽查处缉私。

1906年后广东的禁烟行动对改变广东民间吸食鸦片的风气和抑制外来鸦片流入起了一定作用，虽然走私和违法种植仍然存在，但鸦片危害的程度毕竟有所减轻，也较好地启导民国初年的禁烟活动。

賭 二

1 赌饷与财政收入

在清朝的律例里,赌、盗、会、斗被列为四禁,犯者或笞杖,或徒流,或斩首,不能苟容。历朝历代只允许赌博作为一种民间游戏娱乐活动,而不允许进行有组织大规模的牟利活动,更没有官府开赌筹饷的做法。可是在清末1860年,广东贡院在太平天国战争中被战火烧毁,当局无力修复,但科考又需照常进行。广东士绅在无可奈何之下,请求当局批准他们承办缘科举而起的闱姓①赌博两年,以其收入修复贡院,当局同意了这一请求。当时开办闱姓年收入仅得数万元,两年期满即禁,但当局已从开赌中看到了新的筹饷财源。在此后的20多年中,闱姓或开或禁,均视督抚大吏的意思而定,清朝的律例已被视同儿戏。

---

① 闱姓:中国的早期彩票之一,一种猜科举考试中榜者的姓的赌博活动。

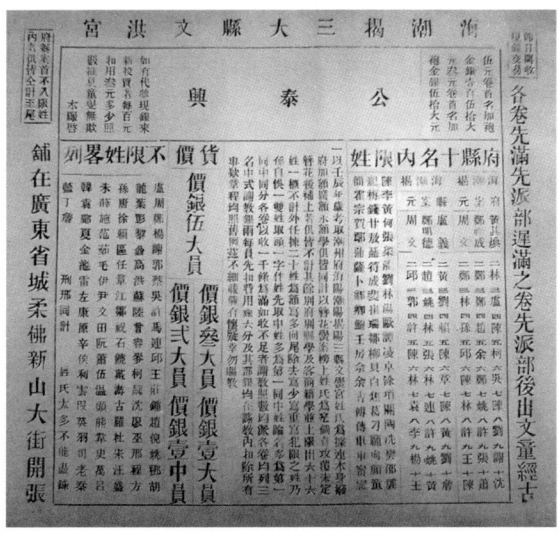

闱姓票

1884年，张之洞督粤，为了缓解朝廷及地方的外患内忧，决定筹设钱局，自行制币，以抵制黄金外流，并开办兵工厂，加固海防炮台，增强抵抗列强侵略的能力。张之洞的筹款办法就是在全省范围内开办闱姓，由商人承饷，年饷多达数10万，从此赌饷便与广东的财政收入结下了不解之缘。1900年，科举考试即将被废除，为了填补即将失去的闱姓赌饷收入，总督两广的李鸿章竟然决定开放为害最烈的番摊赌博，以"海防经费"的名义征饷，饷额多达200万两。此后又陆续开办了白鸽票①、山铺票等赌博，饷

---

① 白鸽票：又称"小闱姓"，是使用赛鸽作为开奖工具，将每只鸽子进行编号，然后放飞，所猜字号与飞回的鸽子所代表的相同，则为赢家。

额皆在数10万两以上。当时,全省各地悬挂"海防经费"灯笼的赌馆遍地开张,旧广东成了一个名副其实的赌博世界。

辛亥革命成功后,以胡汉民、陈炯明为首的广东军政府厉行禁赌,基本上制止了开赌承饷的现象。但其后出现了军阀混战,广东长期被外来军阀割据,这在全国各省中实属少见。1913—1927年的14年间,盘踞广东的外来军阀便先后有龙济光、旧桂系、滇桂军、李济深及黄绍竑等。这些外来军阀垂涎广东的财富,进入广东后大肆搜刮掠夺,离开广东时无不满载而归。弛赌贩烟,是这些外来军阀疯狂掠夺的共同手段。

1914年,龙济光窃据了广东军政大权,借口救济水灾,设立"水灾善后有奖义会",打破赌博禁令,招商投承山铺票。其部下亦各就驻防地开赌收饷。当时上海《民国日报》曾揭露说:"全省军界无一不以开赌庇赌为生涯。"继后是旧桂系入据广东,旧桂系首先从省库里提出12万元,贿赂议员通过了照办有奖义会的提案,以对抗北京政府发出的广东禁赌令。接着便由广东政客与桂军军官联合组织了赌博公司,以"防务经费"的名义承办番摊,认饷600万元。旧桂系还以"特别警费"的名目征收赌饷,这笔收入使得警务经费绰绰有余。旧桂系离粤时,就连小小的排长,也有发财至数10万元的,上级军官就更不用说了。紧接着是滇桂军祸害广东,各军公开以驻防地区为包赌界线,各自招人领牌分设,各种赌博的名目:番摊、牌

九、鱼虾蟹等，应有尽有。各军还常因界线不明引起争执，开枪互击，闹出命案。在短短的两年时间内，滇桂军头子刘震寰、杨希闵在广州分得的烟赌税，每月达190多万元。

1932年，陈济棠统一广东，结束了长期以来外来军阀割据广东的局面。陈济棠委任其心腹区芳浦主持财政。区芳浦打破了各地驻军和地方势力包办烟赌的积弊，对全省烟赌捐税公开招商投标。中标的承商除缴交中标的金额给省政财厅、局外，还要另交10%给当地驻军作公积金，驻军则要保护税商的营业。区芳浦的理财方法大大增加了财政收入。从1912—1929年，广东平均每年岁入约合广东银毫4000万元，而岁出却达5000万元，不敷甚巨；至陈济棠时期，平均每年岁入8960万元，岁出8320万元，其中赌饷收入每年约达2000万元，"禁烟"收入1000多万元，两者占全省岁入的1/3以上。

2　赌博贻害

历届政府开赌征饷、强取豪夺，给旧广东社会带来很大的祸害。督抚大员郭嵩焘、李瀚章均有受贿开赌之嫌，李瀚章甚至有"大荷包"的恶名。1909年谘议局提出禁赌议案表决，大部分议员在赌商苏秉枢的重金贿赂下，投了否决票否决了提案,在社会上掀起了一场轩然大波。

1936年,蒋介石收买了部分粤系军官,促成"南天王"陈济棠倒台,广东开始政归中央。为了笼络人心,当局发起了一场声势浩大的禁赌运动,广东省禁赌委员会的督察主任李炳垣在广播演讲中指出:

> 在政府招承各项赌饷之际,赌商钻营,无孔不入,上下夤缘、互相关说①,逢迎勾结、不择手段。无论行政军警或自治机构长员,除少数向以风节自持、操守廉洁外,鲜不奔竞蝇营、公行贿赂,以图取得包承总揽之权利。甚有经手介绍,亦坐享相当报酬,月领干修②。至于驻防军警或隶属之区乡镇长、地方警卫队长,按月抽收保护费者,则更无论矣。故在此期间,政府各机关支出一切经临费,固漫无限制,即其主管长官,亦多予取予携,恣情浪用,表现一种"黄金散尽还复来"之状态,且因而养成一班贪官污吏、土豪劣绅、不肖军警。群借赌饷以剥削人民脂膏,吸取人民血髓。故有落拓书生、散兵游勇、无业地痞,不三四年间,因承赌饷而积资至数十万或数百万者。

数十年来,由于当局的庇赌,广东人民深染赌瘾,

---

① 关说:从中给人说好话。
② 干修:指挂名不工作而领取的薪金,又可指不包括其他收入的纯工资。

深受赌祸。以赌博为发财捷径,借赌博为交际媒介,视赌博为消遣方式。父传子,兄教弟,幼而习焉,长而安焉。子陪母,夫伴妻,流风所播,间发无遗。天九牌可以打天九、推牌九、玩牛牌、开十二位、扭天九等等,变化多端;骰子可以打鸡、掷状元筹、作升官图、赶绵羊,层出无穷,自两粒、三粒、四粒、六粒皆可以作为赌具。人说两个广东人抓一把瓜子也可以开番摊。赌风之普遍,赌毒之深入,赌业之猖獗,赌民之众多,全国未有甚于旧广东者!宣统年间在议员受贿庇赌风波之后出任广东总督的张鸣岐,临行前写信告诉朋友说:"论治粤,赌为先。"

清末赌坊

陈济棠以粤人治粤,打出了"禁绝省河赌博"的旗子,实际上是将烟窟赌窝全部迁到河南去,而河南却是旧广州几万机器工人及其家属的聚集地。"近朱者赤,染于苍则苍",在赌毒的污染下,工人以其按日程功或论件计值的菲薄薪金参与赌博，胜则美食鲜衣，游戏征逐；负则现金输尽，继以赊账，赊账既重，债主追索，只好逃亡。悍者杀人越货，黠者剽窃侵吞，壮者猪仔满船，弱者乞丐于道。

1936年1月2日，《司法日刊》刊出了一则离婚涉讼公示，有云：

> 原告黄吉意住广州市中大第一医院，被告沈志坚。
>
> 为妻逃乞判离异事。窃民于民国十三年娶被告为妻，生育子女二人，乃被告嗜赌输去数百金，遂心怀异志，于本年四月廿四日挟带衣物、首饰潜逃无踪。经呈报前鉴分局查缉在案，被告既离夫弃子而逃去，足见恩断义绝，乞判准离异。谨呈。

1936年3月2日《国华报》载："长庚首约34号陈元张财，在家私开赌局图利。"3月16日又载："男子郑庚，廿八岁，顺德人，向在泊二沙头河面挖砂艇雇工。日前与同伴王带赌博，积欠赌账元余，屡谋不还。昨15日晨6时许，王带欲往品茗，又向郑庚追讨。郑无以应付，王以刀斩郑右手重伤。"

赌博对乡镇的祸害更为惨烈。民国以来，虽有个别时期实施禁赌，但也只是在城镇的通衢大道处不敢公开设赌而已，而在乡村却未曾真正禁绝过赌博。深圳赌场规模宏大，设有轮盘赌法，当时在国内殊不多见。湛江人口仅四五万，而挂着"公司""俱乐部"招牌的高级赌馆却有20多家，小赌馆也有100多家。新会会城各街道都有"买扑克公仔""掷鱼虾蟹金钱""车车歪"的赌摊，专事吸引儿童，水果档旁亦有人随时在赌估柑核多少，或拗断甘蔗，赌蔗丝长短。清远县城的国民党当局派人守在赌馆门口，遇见输光的年轻赌徒，即借给他5元钱，诱其再赌，赢了钱立即归还，输光了则拉去当"猪仔兵"。石岐城乡的妇女愚昧迷信，贪赌白鸽票和字胆，到处跪拜神佛求中彩。每日天亮之前，常有一群群妇女拖儿带女，到石岐东南25里的南台山观音庙求签，或者到更远的三乡白石侯王庙求签。一日之中岐关路上求签者络绎不绝。此外，贞峰和横山的无祀庙里，亦有无数的妇女来求签，弄得一个原本荒山野岭的地方热闹非凡。三水的西南镇有一种被人讥为"扯衫尾"的赌棍，终日流连赌场，自己赌光了钱，便看别人下注，替别人出谋划策，倘若别人赢了钱，他便扯扯别人的衣服下摆，示意别人不可再赌了，顺便向别人讨一元几角钱好让自己再赌。佛山大桥头由桥头至马路涌，开设有40余档鹅骰，嗜赌妇女趋之若鹜，警察屡驱不散。

再看看《国华报》在1936年的两则消息：

2月21日，星期五。乡妇赌败，操刀伤毙人。博罗县属岗头乡民刘亚菊，39岁，业农。妻何氏，30余岁。昨19日夜，何氏在邻家赌败归，取款充孤注，适其幼子梦回啼哭，何掴之，刘责之，发生口角，继而动武。何氏受微伤，大愤，闯入室中，持刀砍伤夫颈部，并入室将幼子掷于地，一声惨叫，即行毙命。何知不了，遁去。邻人驰至，觅药敷治，即着人四处寻找何氏，已无从觅获。闻刘伤势颇重，有性命之虞。

3月7日，星期六。赌空头，争执打架。顺德桂洲里村西畔坊81号朱锦章，以贩卖食物为活，并开设三军色杂赌。5日午，朱在大市设档，又开三军色。有一男子入局，共负去一元二角，身上不名一钱。朱尾随行至市心时，该男子拟乘机逃遁，朱拼死纠缠，因此互相动武，朱被击破头颅。

诸如此类的报道，不胜枚举。这些尚是在国民党南京中央责成广东当局厉行禁赌的初期发生的事情，而在那些官府弛赌庇赌的时期，这些事情便如家常便饭，不屑见之报端了。

3　闱姓——赌科举

闱姓是利用科举考试来进行的赌博，以闱场（科考场所）中式士子的姓，猜中多寡为输赢，故称闱姓，亦称卜榜花。初时只以文武乡试榜中小姓为赌，赌注不过百钱，后逐渐发展到开局收票。1860年，绅士们请准官厅开办闱姓两年，以其收入修复广东贡院。以后闱姓便逐步发展为一种由官府批准，商人承饷开办的正赌。赌博的范围也由乡试推广至会试以及学政主持的岁考、科考。

闱姓赌博的具体办法如下：在考试以前由票局订出猜买条例，规定周、区、胡、马、麦等百余姓为"小姓"，猜买的人必须在其中选择方为有效。其余陈、李、黄、张、何等若干姓，应试人数较多，差不多每榜都有中者，称为"大姓"，亦称"限姓"，不许投买。

"小姓"与"限姓"均事先公布，载明于票簿的前面。于乡试、岁考、科考之前，随意在小姓中选择20个姓投买为1票，票值分半元、一元、数元，以至十元若干等。买一元者，合足一元的1000票为一簿，推之数元、十元分簿的方法仿此。票局先发给收据，继发给所买共1000的票簿一本，收据上面编有号码，是作为中彩领奖的凭证。发榜之后，各以各簿（1000票）为单位进行查对，一簿之中，中姓最多者为头彩，依次为二彩、三彩，三彩以下为负。而一簿之中若有得姓数目相同者，则又须进一步比较名额：如甲乙两票同中10姓，甲票每姓中1人，计10个名额，乙票内有一姓中了2人，合计共11个名额，则乙票比甲票为多。

闱姓赌博的彩银分配如下：以票值一元的一簿1000元为例，其中彩金占60%，即600元，头彩取五成300元，二彩200元，三彩100元。如果得姓名额只有此票独多的为独得，有几个人中数完全一样，则将彩银平分，或分为二，或分为三不等，是为分得，名为同中同分。其余40%，即400元，以200元充饷，200元为赌商开支。开支包括各项厂费与衙役、武弁、官绅的私规，以及赌商本人的利润。

会试因应试人少，只取10余名，因此每票选择10姓，并不加限制，无论大姓、小姓皆可投买，其投买与分彩的方法如乡试。

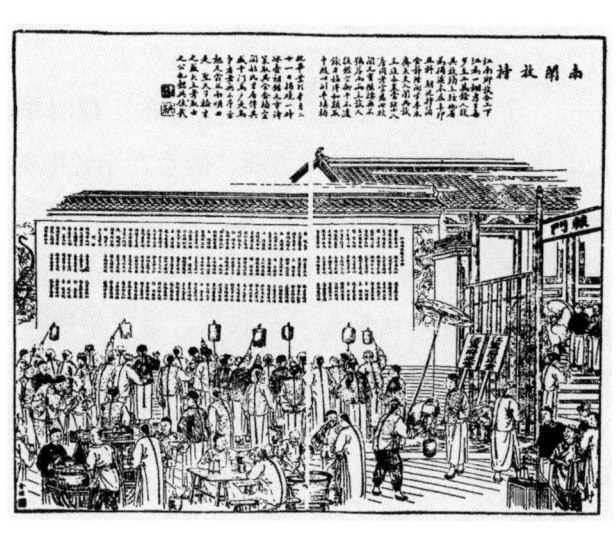

《南闱放榜图》

在闱姓赌博中，赌徒常用一种名曰"围彩"的方法，即一次投买数十百票，以十姓为基础（称为"过底"），只更动其余十姓，反复围买，以为可以稳操胜券。事实上中彩的概率只有3%。每值试年，闱姓票赌，整体不下千数百万元，官府刮一笔巨饷，承商赢一笔巨利。

闱姓的赌博特点是：利用科举考试来进行，而古代的科举是一件神圣的事情，故闱姓要比一般的赌博显得庄重高雅，能吸引各阶层人士参加。闱姓开彩的依据是官方的金榜，在人们看来，承赌的厂方不易作弊。熟识试子情况的人，还可以作一些试探性的估计，不完全是盲目掷注。闱姓赌博由于具备上述的优点，故能够在很短的时间内迅速发展起来，风靡整个旧广东，成为官府筹饷的一个重要来源。

俗话说"无赌不骗"。表面看起来闱姓赌博不易作弊，但实际上作弊者依然有其方法：一是贿赂考官，录取一些僻姓而又不当取的人（投买这种姓氏的人当然很少）；二是收买考生，使应取者落第，不应取者反而高中，让其他投买者落空，造成自己得彩的机会。闱姓输赢仅在一二姓的得失，赌徒们往往以为数稀少的姓氏为过底，如果选择几个稀姓无文名的考生，一般人不会投买的，从中进行作弊，以此为过底进行围彩，便可以投机取巧了。以上的作弊方法被人们称为"扛鸡""禁蟹"。

"扛鸡"是提拔差的，鸡本无力，扛之使得以长鸣。有一种专事冒名替考的枪手，他们十百成群，随从学政到各地考棚冒考。在考试之前，如打听到有二三小姓而其人又无文名的，枪手们则联合赌徒投买此姓。考试时，枪手混入考场中替考生应试，不索报酬，若此姓得中，则考生得功名，投买者得赌彩，两全其美。

"禁蟹"则是针对素有文名的士子。人们估计他必中而争买此姓，作弊者便想方设法行贿该考生，让他临时缺席，以使大多数投买者落空。若遇到金钱收买不动的士子，作弊者则又设法买通胥吏，故意弄污他的试卷，使不得入选。如果这两个诡计都不得逞，则买通阅卷的幕友，将其试卷压下，使不得中，故谓之"禁蟹"。蟹固多足，禁之使不得伸。

闱姓赌博的猖獗严重影响了科举考试的公正，科考作弊的案件频频被揭发，最著名的有1885年的叶大焯案。广东学政叶大焯科考广州，按试惠州时，其幕友串通闱姓赌商舞弊。众论喧嚣，群毁试院辕门。朝廷将其幕友数人杖流，叶大焯本人被革职。虽然如此，但后任的学政们都不敢过于认真，否则会遭到强大的赌商势力排斥，在广东站不住脚。

4　山票和铺票

1905年废科举，闱姓赌博随之绝迹。但闱姓赌饷每年收入在200万两以上，为了弥补这一巨大的空缺，赌商们又开办了"山票"和"铺票"的赌博。

山票的字是选用《千字文》最前一部分，由"天地玄黄"起，迄"遐通一体"止，中间删去"吊民伐罪"一句，共计120个字。投买者在这120个字当中，任意猜买15个字为一条，故又称"十五字有奖义会"。每条票收银1毫

5仙（1角5分），每会收票若干，都是汇总计算。每月开票3次，每旬逢二日开票（初二、十二、廿二），开票前一天截卷。投票者在印字的票丁上面圈取15个字为一条，买多少条任便，随同赌本付给带家（即经纪人），带家发回临时收据，翌日换取"票根"。

票根四联，每联有15个空白小方格，由带家把投买者每条所买的15个字，用木制的刻着120个字的小印，盖在空格上面。四联一式，编有字号，盖有图章。然后把四联截开，第一联交给投买人，第二联存带家，第三联缴存总厂，第四联留为开票后撒底①之用。

开票后发出谢教单②，买定即可拿票根到总厂领取奖金。山票开字一般是采用"搞珠"方式。开票完毕，街上便有人开始叫买票姆③。票厂内部则紧张地点撒票底，以应下一天印发谢教单之用。

山票是十足入厂，六五派奖。例如是会共收15万条票，每票1角5分，共收银22500圆，其中便提出65%派奖为14625圆。亦即头奖为9506.25圆，二奖为3656.25圆，三奖为2193.75圆，同中同分。在120个字当中，买15个字，开30个字，最低要买中11个或12个字，才有头奖希望。全部收入中除掉奖金，所剩余的35%则是票厂的毛利，承商再除掉饷项、公礼、干俸和其他开支，便是纯利。

---

① 撒底：指撒除未开字。
② 谢教单：即奖金派彩单。
③ 票姆：已开之字称为"姆"，未开之字称为"公"。

铺票是以商号之店铺为名,源于清光绪年间。南海、顺德的桑园围是保障该两县防御水灾的大堤围。每年春夏季节洪水暴涨之时,常有崩溃之虞。当地绅耆为筹款修筑基围,发起有奖"铺票"。以各墟镇之商号为单位,向各商号捐借款项10两,以120间商号为限,用捐借款项之店名为"票",如"关隆""广兴隆""隆记""年丰""祥记""和记"等,共筹得款项1200两为基金。然后将各店铺之名刊印票底,一则表彰商号捐借之热心,二则以资留念,是为"铺票"。

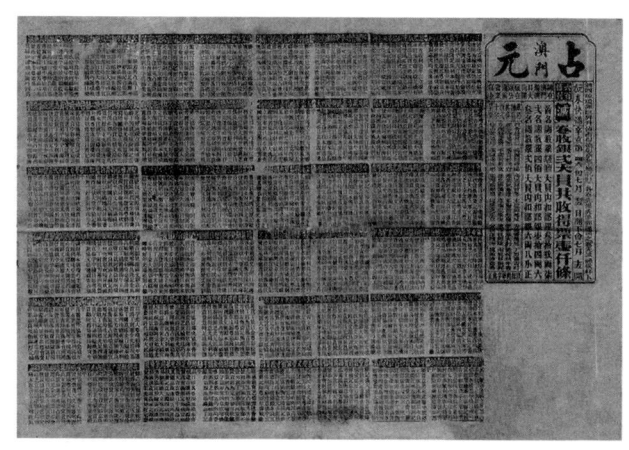

铺票

铺票分由各墟市之大商店代理收票,票款一两、五钱不等,各满1000条为一卷。铺票每月开奖一次,投买每条铺票任拣10个字,开票时是在神庙前杯卜12个字,核对所买之票,以中字多者为头奖,次为二奖,再为三奖。同中同分,如无同中,即为独得。

铺票的奖金是以1000条票的票款1000两为标准，以60%（即600两）派奖。头奖得60%（即360两），二奖得25%（即150两），三奖得15%（即90两）。铺票承办商将扣得之40%（即400两），于每次开票后，按捐借先后之店铺每号归还原捐借之基金10两，共还100两。所余300两，扣除10%（即30两）为经费外，其余270两，作为修筑基围之专款。

以上仅仅是以收1000条为计算标准。收票愈多，得款亦愈多。若收票10000条，则收款10000两，除派奖6000两外，所扣得4000两，仅还捐借之100两，经费400两，所余尚有3500两之巨。至于初次捐借款项10两之商号，在一年内，便可得归还原捐借之款。因每月归还10家，一年12个月便可以归还完毕120家。嗣后再开，即不须还款，而修堤围之款，又每卷增多100两。由于积存款项过巨，地方上的土豪劣绅见利忘义，流弊丛生，致使好事终成坏事，遭到民众的反对，铺票曾一度不禁自绝。

光绪末年，李鸿章总督两广，以筹办海防经费为名，大开赌禁。赌商们承饷开办铺票赌博，并创造出新的赌博方式。新的铺票赌博制出120个字的五言韵语，作为票字，内容如下：

首会发其祥，鸿图得意扬。高标辉百粤，本号始基良。秀丽赏琼芝，丁男协去时。联芳常足源，乐育好称宜。巨业就恭逢，多财景妙通。孚中添大利，满栈积年丰。文显登堂贵,平衡翰苑文。珠光齐焕彩,嘉瑞现松云。迪佑祝冈陵,南旋日照升。佳占欣喜巧,福禄寿连增。履厚两绵昌,均隆记定章。金源环四海,万载沛余香。

投买者任意圈取10字,作为一票。票款分五角、一元、二元、五元、十元5种,均以1000条为一卷,以千字文之"天地玄黄"等字为卷别。收票款时不收十足,只收九折,如一元票收款9角,五角票收款4.5角等。这是因为新铺票不再具有旧铺票的慈善性质。其奖金也提高一成,如一元票,一千条收款900元,除以30%(即270元)为票厂费用及饷银外,其余70%(即630元)为奖金。头奖得60%(即378元),二奖得25%(即157.5元),三奖得15%(即94.5元),同中同分。开票开字12个,用杯卜,在神庙前进行,任人参观,参观者可自荐做抛杯人。1915年以后改杯卜为搅珠开字。

迨至陈济棠时代,铺票发展出"联榜""大联榜"形式。联榜是每票收2角,大联榜是每票收1元。联榜逢三、八日开彩,大联榜逢五、十日开彩,所开之字与是日铺票所开之票姆相同,不另外搞珠开字。两种联榜均不设卷口,所收之票全都联合在一榜之内,故名联榜。联榜每次收票多至六七十万条,总收入曾有10余万元之巨,采用铺票的七成派奖法。投买者投买贰角钱联榜铺票,若独得头彩便可获六七万元之巨奖,实在吸引人心。两榜每月各开6

次，与分卷铺票连同计算，赌商赚得的利润实属惊人。

山票、铺票，各有吸引人之处。铺票赌本较多，彩金较少，但得彩较易；山票则赌本较少而得彩较大，但中式较难。铺票发展出联榜形式后，便取山票的特长兼而有之。山票每条票要买15个字，比铺票多5个，"围票""赖票"①皆不容易，故一般有计划赌钱的赌徒不大感兴趣，山票的生意逐渐为铺票联榜所夺。

山铺票的作弊方法主要是厂方插彩。山票根的四联根，已印有投买者所买的字在根上，不再编印票簿，这样插进若干条票是不困难的。谢教单上虽印有"是会共收票若干条"，但确切数目谁也不清楚。铺票改用搞珠开字后，作弊更容易，可以同时制造一套120字之珠，比正式的珠小一些，票厂可以在每一千条之卷内加入一票，占千分之一。开票时将与作弊之票相应的五六粒作弊之珠混入，在12粒"得"字珠中亦混入几粒作弊之珠，搞珠时作弊之珠便会先行漏出。如果投买之票有中五六字者，作弊之票便可与之平分奖金。若投买之票没有中得头奖者，作弊之票便可独得。发展出联榜后作弊更容易，联榜是几十万条票甚至过百万条票联为一榜，没有卷口簿印发，多插一条头票，难以查对，至于二票三票则可以随意多插几百份，也无可稽考。

---

① 赖票：用算术排列推算，使与旺字接近而投买者，投买票数动辄数十，谓之赖票。

5　番摊赌博

番摊赌博历史悠久，可上溯至唐代，杜诗中有"白昼摊钱高浪中"之句。1900年李鸿章以筹集"海防经费"名义开办番摊，实际上番摊早已成为广东的一大社会公害。

番摊赌博在北方演变为压宝，简而易之，一开压宝之铜盖，幺、二、三、四立见胜负。在广东则较多地保留了古代的赌法，颇为复杂。先将铜钱或磨滑小圆形豆青色的小瓷片一大堆作为"摊皮"，从中抓出一小摊，以有短柄的铜制盅盖（摊盅）覆盖，任人猜买。另以一块正方形的锡片或木片（摊正）摆在那堆摊皮之前，在靠近摊皮的那一边为"一"，顺着右边的为"二"，对面为"三"，左边为"四"。猜买者想买什么，便把赌注押在"摊正"的那一方面。开摊时，揭去摊盅用长约一尺的竹枝（摊竹）将那一小堆的"摊皮"拨开，逐四粒四粒一皮，拨四大堆摊皮里，看最后一皮剩多少，猜中者得彩。

番摊的买法分为"番""捻""角""正"4种："番"是专买一门，如买"一"番，则开"一"时得彩3倍，"二"或"三""四"皆输；"捻"是买一门为主，以邻近一门为辅，如买"二"捻"三"，或称"二"搭"三"，则开"二"时得彩一倍，开"三"则原本退还，不输不赢,谓之"走头尾",开"一"或开"四"便输了;"角"是兼买相邻的两门,如买"三四"角,则开"三"或开"四"都中彩,得彩照原本一样,开"一"或"二"时便输了;"正"又名"正头",也是走买一门,但与买"番"不同,如买"三"正头,开"三"得彩照原本一样,开"二"或"四"都走头尾,不输不赢,开"一"才算输。

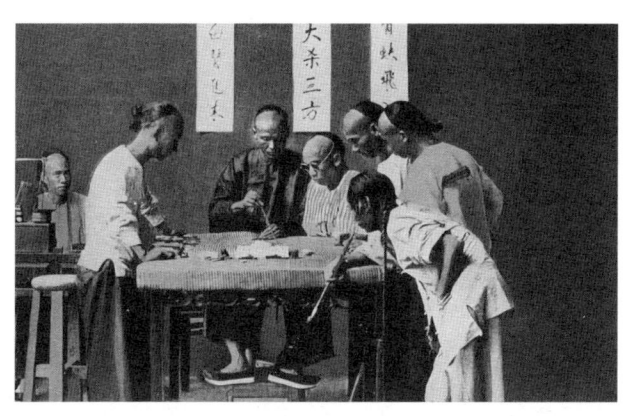

番摊赌博

此外还有"射三红"和"两头番":"射三红"是买齐相邻的三瓣,如坐"二"不要"四",则开"一"、开"二"、开"三"都中彩,但彩银仅得原本的1/3,开"四"便输了,谓之"射穿窿";"两头番"是兼买相对的两瓣,如"一三番"或"二四番",买中者得彩的数额和买角相同,但"抽水"较多一些。

"抽水"又名"抽头",承饷开赌者之所以赚钱,主要在于抽水,而输杀仅居其次。买中者的彩银不能照前所述的数额收足，而要从中抽去一小部分。清季初开番摊时是十二抽一，以后改为十一抽一，最后再改为十抽一。民国以后便一律是十抽一了。有了"抽水"，摊馆方面是输九成赢十足，而"摊仔"（投买者）却是输十足赢九成。投买者长赌必输，抽水也抽干了。

番摊有所谓"摊路"，且有大小三分。大路是"一""二""三""四"，小路是"稔""缩""顺""跳"。摊馆备有"摊路纸"，像抄书格纸一般，四格一行，记录着大小摊路，供投买人参考。"稔"又叫作"蠄"，连续两次或两次以上都开着同一门的叫作"稔"。从"一"上"二"出"三"落"四"再入"一"叫作"顺"（顺行），从"二"入"一"缩"四"出"三"落"二"叫作"缩"（逆行）。"一"跳"三"或"二"跳"四"叫作"跳"。连续"稔"到四五"口"（一次叫作一"口"）以上的叫作"稔长"，邻近两门连续互开到七"口"以上的叫作"乞角"，七"口"以上都没有开到的叫"疏门"，十"口"以上还没有开到的叫"盲门"，此外还有"缩脚蠄底""窒脚回头""稔落跳""缩脚龟"等名目。赌徒们埋头其中钻研猜买，但结果都是如入八阵图中，输多赢少，输大赢小。

番摊赌博迷信色彩浓厚，馆中安设"地主"，以绿纸白字写成神位供奉，表示神明作主，两不相欺。此外还有"貔貅坐镇""大杀三方""青蚨飞入""白璧进来"等字幅贴在墙上。摊官高坐椅上，桌上放置摊皮、摊竹、摊盅各物件。此外还有"横柜""摊竹""荷官"等工作人员。东家还会派出亲信任"巡场"，监督员工、弹压纠纷。摊馆中的忌讳也甚多，"知客"谓"进客"，因"知"与"支"同音（赌馆记账，"支"数谓输钱）。管杂务供奔走的小厮，原名"执小"，但广州方言中又称欠债为"小人钱"，故"执小"改为"执大"。"进客"的职务是专门招待下注较豪的赌客。

摊馆中又有"银牌"与"现钱"的分别。现钱馆只将赌注通用货币押在"摊正"上，照赔照杀，手续简单。银牌则不然，下注较大的赌客，先将赌本交给"横柜"，放入有字号的小皮袋里，从袋里抽出该字号的小锡牌，写上所有赌本的数目，交给"荷官"。"荷官"取出同样的纸牌两张，以一张压在锡牌下面，另一张则按照赌客要买什么买多少，放在"摊正"以筹码为记。

筹码一般是以铜钱代表一角，白珠代表一元，黑珠代表五元，小棋子代表十元，在五十元、一百元以上则分别以不同颜色的小骨牌代表。摊开之后，按应输应赢数目，把筹码押回锡牌下的纸牌处。如是赢的则加一"狗脷"（红色小纸牌）谓之"红牌"，输的谓之"白牌"。再赌下去，均照此进出计算。赌客不愿继续再赌下去时，可以叫荷官顺手看牌，赢者本利双收，输未尽者找回数尾。如牌上的赌本已输光，仍想再赌，可以添付赌本给"横柜"加写，继续赌下去。现款输光，还可以赌"押头"：金表、金饰、珍珠、钻石、玉器都可以交给横柜鉴定估价作为赌本。倘若反败为胜,则取回原物还收赢利,否则给回字据,限期取赎。押头限期很短,却不要利息;过期不赎,由摊馆变卖,不得异议。以上是银牌馆的一般情况。

地下的现钱馆,赌徒们围在摊台两边,站着赌。楼上的银牌馆则在摊台的两边设有座位,可以坐着赌,而且还有茶、烟、糖果、瓜子招待。楼上、地下划分两个摊档,各自负责。若楼上吊箩,则是把楼上地下沟通,在地下摊台对正上面的楼板,开一个井口,四边围以栏杆,在栏杆的四周设有椅子,可以坐着凭栏俯瞰。于是楼上便增设"吊箩"一人或两人,替赌客向下边叫买,用一长绳系着一个小竹箩把钱银吊上吊下。既可以将赌本吊下去开牌慢慢地赌,也可以逐次叫买"毫子牌",输了吊本下去,赢了吊利上来,与买现钱差不多。这种有"吊箩"的馆子,把银牌现钱混合起来,"荷官"的任务繁重多了。还有些下注巨大的赌客,贪图就近"睇摊皮",不登楼而在摊台

地下现钱馆

"一四角"旁站着开牌来赌，于是楼下也有银牌、现钱两种情况。

"荷官"既要应付现钱的赌注，又要应付开牌的赌注，更要听楼上"吊箩"的叫买。人多的时候，真是手不停挥，目不暇接。他们心算敏捷，动作熟练，一赔一杀，很少差错。

任"吊箩"一职的人，记忆力极强，逐个向赌客问齐买什么买多少之后，默记于心；某人抓某张牌，也要先记清楚，然后逐个逐个唱下去，同时要眼看下边"荷官"有无听错做错，唱毕，还要向赌客逐个复述一遍。有时遇到赌客看牌时对输赢的数目有所怀疑，"吊箩"则要列举该客下注的过程和每"口"输赢的数目，向其解释。"吊箩"们实在是很聪明。

摊馆放债是常见的事。放债人叫"放马"，借钱人叫"拉马"，马不是随便能放的，放马者必定是黑社会有势力者。赌徒输光现钱，赌尽押头，一时赶注不及，可向放马者请求拉马。放马者必定了解拉马者家中尚富有，断无拖欠之虞，方肯放马。赌徒若得因此反败为胜，此为谓之"神马"，即刻归款，利息照付。倘若失败，便是"死马"，照赔欠款，限日还清，利息逐天累加。

番摊馆里有几种开假摊的做法。一是"落冧"。冧是一颗经过特别加工的摊皮，看起来和普通的摊子一样，但其若用摊竹尖端有技巧地轻轻一拨，即可一颗变成两颗。这时常有摊官的助手混在赌客之中，以喷香烟扰乱众人的视线。二是"飞子"。摊皮中设有特制的冧,而看到恰开吃重的那一门,摊官不能把"二"变为"三",便在原摊皮堆中飞去一颗,使"二"变成"一",这种手段需要高超到使观众视而不见。有些赌徒也反其道而行之,从外边飞入一颗摊皮到摊堆之中,使适合他所买的那一门。三是"扒大细"。又叫"扒三鸡五公",这是最拙劣的作弊手法。番摊是逐四个一皮扒拉过去的,遇着摊开重门,摊官突然一下子快手快脚将三个一皮或五个一皮扒拉过去。扒三鸡(细)则"二"可变"三",扒五公(大)则"二"可变"一"。

6　白鸽票和猜字胆

　　白鸽票又称"小闱姓",李鸿章督粤时批准开办,年饷数10万。民国以后一般由地方劣绅或军阀在地方上自行开办,饷额较少。

　　白鸽票供人猜买的字和山票一样,是幼学千字文初段的字,但白鸽票仅由"天地玄黄"到"鸟官人皇"止共80字,比山票少40个。投买者任圈10字为一条,票厂则开20字,每条赌本为3厘。民国废两改元之后,也照比例改为每条若干个铜钱或一个铜仙。

白鸽票

白鸽票不像山铺票的分头二三票,从赌本总额抽成派奖。它是这样规定:赌本3厘,中10字(全中)得奖10两,中9字得奖5两,中8字得奖2两5钱,中7字得奖5钱,中6字得奖5分,中5字得奖5厘。仅中4字以下便输了,谓之"梗颈四"。如果是全中的话,得彩可达330多倍,中一半也可得回赌本还有缴利,故吸引力是相当大的。投承开设白鸽票厂,所需饷项皮费,既不是提成抽水,故输赢关键,系于"揸字师爷"的手上。高手的师爷巧于趋避,使买家无从捉摸,杀多赔少,便有利可图,否则连厂也会输起。揸字师爷薪金优厚,而且必须是东家的一分子,或东家极亲信的人物,以免有"标柴"(受贿)的弊端。

白鸽票所开的字既由师爷掌握,自有相当限制,以免随便乱开一通。第一,80字当中所开的20字,必须上层开10个,下层开10个。"天地玄黄"为上层,"宇宙洪荒"为下层,余类推。第二,不能全句开齐,最多只开"三字经"。如"天地玄黄"一句,只能开其中的3个字,余类推。第三,不许开成豆腐干形。如"天地日月"四字比连像豆腐干的四方形,余类推。第四,不许在上层或下层中斜行横行连开4个字。如"天日寒闰"或"天月暑岁"或"律收列荒"都不能齐开,余类推。

山票铺票用搞珠抛球的方式开字,是"天行字",即所谓"赌五行",碰彩数。白鸽票则由师爷揸字,预先选定应开的20个字,在厂前当众悬挂,届时揭晓。如用"大钱罂"①一个,中实"票姆"百数十条,票姆中印定师爷所选的20个字,另用绳子把那个扑满高吊在票厂门口当眼处,系上一串鞭炮,等时间一到,众人齐集,乃点着鞭炮,噼噼啪啪烧到最后,绳子烧断,扑满从半空中跌下地面砸碎,票姆撒满地上,群众争着拾取,票厂也抽起数张,开票手续便完。这样赌法,是"赌心绪",你猜我避,钩心斗角。

白鸽票每天开两次(辰厂和申厂),时间紧迫,不能像山铺票有比较充裕的时间,故投买和领彩的手续比较简单。投买者只需在"票丁"上印好的80个字任圈若干个,在票丁之旁写明怎样买法和买若干,交给带家(如仅置10个字的,名为"企柱"或"硬掘",不需"赖"开若干条,只注明买多少条便可;如买11字则写明"顺行"若干"取",共若干条;买12字则写明"八搭二"若干"取"

---

① 大钱罂:即扑满。

共若干条；余类推，买多买少任便）。

带家接收后即另取一"票丁"，按来底照圈照写一份，盖上挂角图章，交给投买人收执，而将原底抽存。开票后，投买人可持向带家查对，挂角图章和内容吻合即能领到彩银。带家与票厂早挂上钩，一切手续都非常简便而快捷。计算应得彩金若干，内行的人一看便知道，就算"赖"开的"盘口"很复杂，也可以很快计出：你共中多少字，有无赖散，实中若干字的有若干条，层级汇计，绝无差错。

"赖"票有"天赖"和"顺赖"两种。"天赖"是以横行的次序为准，如"天、日、寒、闰、云、金、剑、果、海、龙……"。"顺赖"则以直行的次序为准，如"天、地、玄、黄、宇、宙、洪、荒、日、月……"。投买时也须注明。因为虽然同中若干字，而爆多爆少，"天赖"与"顺赖"之间自有不同。

辰厂原定辰时开票，但都换到晌午；申厂原定申时开票，大都换到傍晚。清代，广州白鸽票有"南昌"和"西盛"两间票厂，买家两厂都买，带家两厂都带，一收一发，当天搞完，也不是简单的事，所以山铺票是每买一条给回一条根，而白鸽票则无论买多少甚至盘口票多到数百条，也只凭一张盖上挂角图章的票底便算，手续简便得多。

白鸽票每条的赌本极微，故投买者买十多条或百多条都是极寻常的。又因白鸽票的赌法是"估心绪"①，如自己主观上认为票厂师爷可能开出来的字有猜中希望者不止10个字，可以不拘字数多少，"赖"匀每条10个字凡若干组，成为一个"盘口"。"赖盘口"的方式极多，最基本的有下列几种：

（1）"顺行"。11个字顺列，顺序每条舍弃其中的一个，凡11条为一"取"（组）。

（2）"八搭二""小猪拉笔"。12个字分作3行，每行4字，以其中的两行8个字为底而配搭其他一行的两个字为一条，凡18条为一"取"（组）。

（3）"鬼脚"。13个字分两行，一行7个，一行6个，长短不同，故曰鬼脚；然后以长脚的7个字配给短脚的3个字或以短脚的6个字配搭长脚的4个字为一条，凡55条为一"取"（组）。

以上3种最为普通，如字数更多，可先用"见几行几"的方式，先"赖"成13字以下凡若干行，再用上述方式重"赖"一遍，使都成为每条10个字。例如15个字先用见四行五的方式，"赖"成12个字凡5行，再用"八搭二"的方式"赖"一次，则共得90条，也可成为一个"盘口"。

"盘口"有疏有密，如要大规模作战，还有所谓"柴把""穿云箭""织锦"等。"织锦"是80个字都买齐，像织锦一般，起码要几千条为一盘，赌本既大，爆散的字

---

① 估心绪：揣度对方的心理。

亦多，未必稳操胜算。

　　白鸽票厂为吸引投买，把历次开过某字的过程，编起来印发供赌徒参考，俗称"字容"，好像摊馆的摊路一般，而更为详细精密。"字容"每一厂（开一次为一厂）编印一次，连续不断。在印定绿色字的"票丁"上，每一字盖上红色或黑色的数目字，这是"字容"的形式。例如今天辰厂"天"字没有开，而且对上连续3次都没有开过，便在"天"字上盖上黑色的"三"字。"地"字今天开了，但在本次之前有5次没有开过，今天才开的，便在"地"字上面盖上红色的"五"字。"玄"字昨天开过，今天没开，便在"玄"字上面盖上黑色的"一"字。"黄"字昨天开过，今天也继续开了，这叫"稔"字，假如昨天开时是红"七"字，便在"黄"字上面盖上红色的"七"字，旁边再加上一个小红圈。余可类推。总之，红色表示今天所开的字，黑色表示今天未开的字，数目字则表示隔若干次不开，或若干次才开。精于此道的人一看便知某字为旺字，某字为疏门的字，某字为老字，以为下次猜买的根据，大规模的盘口围票更需要这些字容作参考。

　　而票厂中也将每天买家投买的情况，编起"字容"，根据入厂的票数总额和每个字猜买的人次，统计编成。这种"大容"没有红字和黑字之别，因为投买人极多，入10个字都有人买，只是多少有别，每字之下光记下注数目便可。"大容"是供厂内揸字师爷参考，使其明了买家（特别是盘口围票的赌客）的心理和动态，以资应付。师

街头苦力参与赌博

爷检阅连日的"大容",便知某字为"重字"(即多人买的)、某字为"轻字"(即少人买的),某字为人们连日追求而连厂买下去的,某字为人们追了若干天之后而放弃不追的,莫不了然于胸,然后盘算下一厂应开什么字,才会赢利,有时经过多次更改,才能定下全盘的20个字。

在彩票式的赌博中,每条赌本以白鸽票为最微,搜刮到极贫的百姓。番摊、骰宝只限于男性入场,而白鸽票则害及妇孺。因为白鸽票无需入场下注,而投买的本钱,半毫子(旧称3分6厘)可买10条白鸽票,如果全中10个字,便得彩银100两,本微利大,所以一般妇女、小童,都加入赌博,为害之烈,可想而知。

赌徒买票,志在得彩;票厂开字,志在杀钱。"字容"好比地图,"盘口"好比兵力,双方各展开攻守、

晚清广东赌风盛行,妇女亦聚赌

围歼、突击、迂回、反扑等种种战术,你死我活。买票者研究"字容",先作"稳"字,次作旺字,又次作淡字、老字。凡上一厂开过的20个字当中,下一厂必有两三个"稳"字,但无形中也有规矩,不能一个"稳"字都没有,也不能超过5个。从这几个红字来揣度一下,会比较有把握。其次那些频频开出的字,常在黑"一"到黑"五"的都算是旺字,在那堆字中又猜度几个。常在6次以上都未开的,可作淡字论;10次以上都未开到的便算老字。老字比较少,但也有爆出的可能。淡字也可选用老字。同时还要揣摩揸字师爷的心理和脾气,一套应付一套;有时还要调查买票群众的"大牌"(投买者最多的),他们买什么字,追求什么字,预测揸字师爷怎样对大牌趋避,而加以兜截。

票厂揸字师爷从"大容"中掌握对方的情势,当然要巧于趋避,以免崩其大围①。但仅能避重就轻并不高超,有时还运用手段,玩弄对方于股掌之中,于是有所谓"影""顶""夹"等种种名目。假如能够预计对方买重某字,死追某字,便开某字上下左右的字,连开两三个像一顶帽子套着对方所买的字。又或预计对方将会买某一句的三字经,便故意开着另一句的三字经以为影射。诸如此类,使对方感觉差之毫厘,谬以千里,赌心不息,穷追下去。又或揸字师爷推测对方将改变计划,放弃原买的盘口而另组别个盘口的字,师爷会冒险开出对方原来追买的字,摸对方的屁股,令人哭笑不得。

以上是赌客与揸字师爷之间的钩心斗角,此外票厂还会使用其他恶劣的诱赌骗钱手段。

一是组织票艇、制造假票扬言中彩。代票厂收带白鸽票的档口称票艇,任何人只要按票厂的章程缴纳一定按金,得到票厂发给的来往账一本、收票戳记一个,便可在大街小巷设立档口代收赌本。有时票厂于各票艇之外,另派亲信于繁盛街道处设两三档票艇,独树一帜,在每日早、午、晚三场或隔日之间,大放鞭炮,并在档口贴出一条长红写着"盘票中九个字(或八个字)又是本号带中"字样。如此这般,不是甲档大放鞭炮,就是乙档继兴。赌客们最迷信,认为地头旺相,容易得彩,便大加投买。

---

① 崩其大围:即大败亏损的俗称。

二是"指守"赌客去拜神求签中彩。票厂一方面制造一种求买白鸽票或字胆的签筒，沟通各地庙堂的司祝，放在庙堂内以便赌客抽签求彩。另一方面则制造谣言，声称某处票艇带中八九个字鸽票，带中好多次字胆，系在某处庙堂求签所中，以欺骗赌客。

三是在搅珠开字时作弊。票厂在开字之前，早将入场的票底通通撇过，有了掌握，于是将多数人投买的字，禁压不开，使少数人得中，多数人不中，避重就轻。票厂将不开字的60个小圆球，一概用砂注入，令沉重隆底，搅动时，未曾坠底的20个字球便陆续跳跃出来，欺骗观众。

此外，还有所谓"驶双桅"办法。票厂与中彩人同分彩银，票厂有时遇到大盘票中了八九个字巨彩，依照章程，应该付出巨额彩银，但票厂不甘心支付，于是立刻制造假盘票一大盘，同样中八中九，交由票厂暗中所设的票艇，大放鞭炮，和真正的中彩人同中同分，中彩人无法得知其伪诈，到领彩时仅得半数罢了。有时中彩之人多了，票厂又声明此场票仅仅得若干元，已尽数拿出与中彩人同中同分，令中彩人无可奈何。

自从废除两、钱、分、厘的制度，改为元、角、仙、文计算以后，白鸽票每条的赌本，也随之而改变，有以5文铜钱或6文铜钱为一条，渐又变为1铜仙买一条，各地情况也不一致。彩银的发给仍照3厘博10两的比例推算，层级规定：中10个字每条得彩10元，中9字每条5元，中8字每条2元5角，中7字每条5角，中6字每条半角，其时铜仙价贱，1

角银毫可换铜仙二三十个。中5字不再发彩,但每一条可以免费买回下一厂的两条。

陈济棠统治时期,开字方式取消师爷揸字,改用天行字,仿照山票搞珠的办法,以字球80个,红球20个,白球60个,分置两箱,先后搞出,以撞得红球的20个字为该厂所开的字。

搞珠开字的票厂为增加赌徒多一种博彩的机会,再添上"字胆"。所谓"字胆",就是20个红字最后搞出的那一个。投买白鸽票时可以附买"字胆",或专买"字胆",买多买少不拘。"字胆"买中,一赔六十。其实字胆抽水很重,白鸽票全部80个字,假如每个字各买1角,只有一个字中宝,票厂收入8元,赔出6元,实抽去2元,占25%,即四个抽一。有了"字胆",开票时的情形比较紧张,尤其在19个红字已搞出之后,更加骚动。

7　风行一时的字花

广东赌字花,是列举36个古人的名字来猜买的,所以又名买古人。这36个古人分类如下:

四状元:占魁(鬼)、荣生(鹅)、板桂(田螺)、逢春(雀)。

四夫人:上招(雀)、银玉(花)、合同(雀)、明珠（百足）。

七生理：福孙（土地狗）、光明（马）、必得（鼠）、只得（猫）、江祠（龙）、茂林（麻风公）、有利（象）。

五虎将：志高（蚯蚓）、月宝（兔）、坤山（虎）、汉云（牛）、正顺（猪）。

五乞食：吉品（阴户）、元吉（妓女）、元贵（虾）、万金（蛇）、青元（盲公）。

一师姑二道士：青云（鬼）、天申（猫）、安士（尼）。

四好命：合海（蛤）、三槐（猴）、太平（龙）、九官（鸦、丫鬟）。

四和尚：井利（鲤）、天良（白鳝）、日山（鸡）、火官（龟）。

字花

传说这些都是古人的名字,包括古代社会里的三教九流、文官武将、命妇夫人。同时各人还有一个相互的替身,如银玉与火官①互为替身,吉品与九官互为替身。且各有其来历,如元吉做过医生、日山砍过柴卖钱。又各有一个事物的属性,如合海代表火灾、九官代表火烛、月宝即乌龟等。以上这些包括了富贵贫贱贤愚不肖、天文地理飞动潜植,似是中国民间以其特有的方式纪念一些特殊的历史人物,使其事迹名字流播民间,朝夕聆闻以志不忘。只因流传日久,事过境迁,为字花赌博利用,成为民间一大毒害。

广州字花厂初设于广州城西之郊区南岸、西村等地。有一段时间,蔓延到广州市区的东关、城内、河南、西关等地区,到处设厂。在乡镇则选择一个地点比较适中的祠堂或庙宇等场所设厂。厂中雇请几个精于此道和擅长珠算的人做助理,专司启拆、审核赌注和银钱收付等事务,名曰"保利",助理专靠头家分红,无固定薪金。另外按照赌区范围和预计赌户人数之多少,预先布置若干带家,各人认定一个地段或一条线路,每日负责收集各该地段的赌注,然后带至赌厂,汇交给"保利"收核,花会开局后,则负责代厂方转交彩金等事,实际就是花会赌博的掮客。带家与赌博的旺淡有很大的关系,因为他们不仅负有注款汇交与彩金的保证发给任务,且负有代表赌户对厂方开局

---

① 火官:福建上杭以"音会"代替火官。

的监视之责，实际上又是赌户的代表人。故带家一般均须熟悉赌场，具有一定的社会信用，能为主、客两方认可。他们亦无固定薪金，靠从彩金中收取三十抽一的扣佣。

字花赌博规模较大，手续繁杂。设在广州市区、郊区的赌厂一般每日开两场，上、下午各一场，而乡镇的赌厂通常一日只开一场。厂方于前一夜秘密选择一古人名字，贴于一张长约5寸，宽约3寸裱糊了的红纸上，然后卷成筒状，系以红丝，加以密结，谓之"封子"，于次日当众悬于赌厂内之梁间或厂门首。"封子"挂好后，各带家陆续交注，在"保利"办好入注手续后，厂方即宣布"开封"，当众解开红丝，高声唱名，即算定局。这时带家及其他观众至为紧张，中彩的大户，常常当场燃放鞭炮以示庆贺。"开封"定局后，"保利"们即将所收的赌注逐纸审查，盖上本日所开名字的印章，中彩的用红笔圈上，注明彩金若干，随即点交带家转交各赌户。未中的亦用红笔画一个"×"，仍将原纸交回，任凭赌户查对，如有错漏，可凭单向厂方补算。

在"挂字"后或隔晚，由厂方挂出一个"花面"，使买者猜测时，有所根据，如灯谜的谜面与谜底一样。不过"花面"的词句，多用俗语，使一般人易记易懂，例如"花面"为"双脚怕人睇，放在凳底"，开字时却是"茂林"（麻风公）。

字花彩金不是一种量入为出的分配，而是按中注30倍无限计酬的（即投买1角可获3元的彩金），故"开字花"

的人们必须具备有钱、有势两个条件,才能取得赌户的相信,罗致更多的赌注。一般主方多是合股经营,很少独资开厂的。为了显示他们的资本雄厚和储备充足,有在开赌之前把为数千百的白银,一堆堆地陈列在厂里,由数名武装兵丁看守。也有股东把自己所持有的房屋产业或田地契据,交给当地的巨富、大尝①暂为保管,当作储备金的质押,并由巨富、大尝在赌厂门首贴出一张担保彩金无限赔偿的保证书。如果由驻军公开包捐的,除派兵保护赌厂外,还要由驻军高级长官出名告示,负责维持赌场治安与担保彩金赔偿。

字花赌博有三大特点:

第一,赌户面特别广,吸引力特别深。花会赌博俗称"抄家赌"或"家常赌",形容其程度有如"满门抄斩"或"家常便饭"一样。凡有字花赌厂设立的地方,其周围数十里的人们,不论贫贱富贵,不分性别年岁,十有七八参与赌博。一家之内,父子婆媳共商下注。同时不论远近,不分畛域,亦互相交叉聚赌。赌者醉狂之状,诚非笔墨可以形容。主要是因为:一是投机性特别大,1文可赔30文,很能迎合人们的侥幸心理,甚至有人把它当作储蓄来看,说每日下注一文,只要1个月内能中彩一次,就是"零存整取",积少成多。二是下注很灵活,大小不限注,小孩子在路上拾得一文钱也可以赌,一角钱共围几名也可以

---

① 大尝:拥有大量土地的蒸尝,即地主。

分开计彩，几个人合起来共下一注或几注也可以随意组合（小孩子常以一文钱同别人"搭注"），甚至约合几个人轮流出钱下注，赢输共同分配。所以厂方只求注多，不求大小。三是有带家作媒介，不须自己出头露面，这一点对于不宜抛头露面的妇女有特别的吸引力。四是有一定的间歇性，每天只开一两次，使人有一夜的熟思深虑时间，不似番摊连续不断，不能自拔，容易倾家荡产。五是有些大厂还能每日开出"花面"作为赌户下注的依据。"花面"类似诗谜，诱人猜测。有些"花面"巧妙地与人们捉迷藏，令人发噱。这种游戏的手法，增加了人们的不少赌兴。

第二，字花与迷信的关系特别深。"无机不赌，有神必灵"是字花赌博的要诀，也是字花赌博的基础。赌者下注之前，往往先求神问卜，寻机觅兆，迷信与赌博紧密结合在一起。举凡祠堂庙宇，土地神坛，以及停尸暴柩、荒坟孤冢，无不成为善男信女焚香诵咒、祈祷降灵的场所。即日常生活所见所闻，稍有殊异，亦奉为鬼神隐示之机兆。搞得神佛满天飞，举止若狂，尤以妇女为甚。常见的机兆有"撞生眼""撞口卦""圆梦"等。"撞生眼"，指早起出门，见了什么东西，什么人，干些什么，就投买什么字花。"撞口卦"，指出门第一次见到的人说什么话，就投买什么字花。"圆梦"，指梦境中见了什么就投买什么字花。此外还有如下几种迷信方式：

最普遍而简易的是"倒图"或"点图"。首将花会36个名字，按前述顺序排列成4组，每组平均9名，第一组曰"归身门",第二组曰"白虎门",第三组曰"出门门",第四组曰"青龙门"。次将四门36名用一张纸书写成方形状或圆形状,中央加注"今天某月某日开了某名,叨求露点明日开出何名"的字样。方形、圆形均称"花会图纸",使用方法与意义均同,不过圆形图纸美观一点而已。图纸写成后,赌者携至预择的神庙或坟场地点,将图纸铺平于神案或墓前碑地,用一炷香在顶端与中间燃点两处,插于图纸之中间,然后跪拜求卜,俟香焚断倒下,以其所倒燃之处,作为鬼神所示明日所开的花会之名,此谓之"倒图"。若要虔诚郑重一点,则于夜间在上述地点当场宰生鸡一只,将血盛于盘内,放在图纸之上,然后用一较小的碗覆盖盘上,经过跪拜祈祷后于次日晨回视,看看鸡血点在何名,即作为下注根据,此曰"点图"。点图因需时间,比较神秘,必于夜间秘密进行,以防鸡血盛具被人盗窃或恶作剧。至鸡血点图,间亦确有其事,但大多为虫蚁爬行之足迹,不足为怪。

还有一种规模较大、筹备较难的"关童"(亦称"降童")仪式。一般由10余名妇女(间亦有男人参加)秘密相约进行。事先须诱骗一个童男或童女作"童身"(亦有强令自己的儿女为之者),加备三牲酒礼、香纸蜡烛,选择一个素称灵验的如关帝、天后、财神之类的神庙,命"童身"闭目伏于神案之上,诸妇女则罗跪其旁,稽首同声朗念经咒,循环不已,至降神示机为止。经文有长、短两种,视妇女熟悉何种而定。长的曰:"神化神,神化神，金换到，金换到，金换太上到。男来女，女来男，千重光，万重海，海上起风波。波上浪，浪上波，天生云，云生开，开光童子引路来。步步火光来接应，步步火光来扶童。扶起童子开金口，说金言。"短的则曰："天露露，地灵灵，弟子焚香拜请请马神，请起马神扶童心。扶起童心开金口，说金言。"童身经过催眠，有的自倒于地，口吐白沫，有的跃起而跳，语无伦次。于是众皆罗拜，求神示机，指示明日所开花会何名，有的具体指答，有的隐语酬对，亦有尚未昏迷而勉强假应的。酬对已毕，众即手拍童身胸口，喂他（她）喝冷水，将他（她）叫醒，谓之"退坛"。次日即依所答而下注，偶亦有中者，即称灵验。

　　由于花会迷信太深，赌者又有许多自嘲自慰的解释，对任何一种机兆，纵未得中，亦绝不诿罪于鬼神，只怨命中注定，无福发财。如明明机示"音会"，即令开出其代身银玉、对射有利（即图纸对面之一名），同性上招、左邻福孙，以及同白虎门的其他8名等，就说是灵验的，只看各人的财气大小而已。财气大的可降示正名得孤注，小的则降示别名得分注，只有无福分者，才不降灵云云。

　　厂方也一样迷信神灵。除前述各种禁忌外，尚有什么整厂十二名（月宝、万金、青云、音会、茂林、日山、合海、汉云、光明、明珠、上招、合同）的迷信，说是花会开坏了或累积太多时，如在此12名中选开1名，即可整救厂风，挽回颓势。又如装封子的人亦须秘密设一神位，奉

"财神菩萨"或"天地君亲师"及左"千里眼"、右"顺风耳"为神主，在每日装封之前，将预定明日选开的字花，增加数名，祈求神明启示卜出一名，方作最后确定，不能完全由自己意图做主。

第三，字花赌厂招致一班特别厉害的带家（即花头或"带花会的"），男女均有。他们没有正当工作，专靠带字花赚一成的佣金。带家们对各自掌握的人家底蕴了如指掌。某人嗜酒、某人曾背着翁姑或丈夫偷偷买字花的，他们会知所趋避和逢迎。会上门偷偷摸摸地收集各人投买的瓣名及赌金，并代厂方抄写"花面"分给各买者，如果中了，他们又会代派彩金。中得多的买者，也会赏给带家一点钱，说是带家"好手神"。女带家因为没有男女授受不亲之嫌，到投买者家中穿房入舍，厮混熟时，会替投买者背着翁姑、丈夫换掉金节的私蓄来投买，甚至有丈夫外出谋生时，女带家加以挑逗，为主拉马，扯皮条而与人通奸者。

由于字花赌博牵涉家家户户、男女老少，又由于字花赌博有深厚的迷信基础，开赌的头家害怕作弊影响自己在社会上的地位与信用，更害怕作弊触犯神明，现世现报，贻害子孙，故字花厂家比起其他番摊、牌九等，似乎多一些"赌德"。但"无假不成赌"，在厂方赔亏太多的情况下，厂方还是不惜使用种种作弊手段的。简单的如"花面"，原是供人猜测所开之字的，但这些"花面"字义模棱两可，扑朔迷离，很难有猜得准确的。如"花面"为"双脚怕人睇，放在凳底"，开字时既可以是"茂林"，

亦可以是"九官"。"茂林"是麻风病人,脚肿不敢让人看见;"九官"是丫鬟,不缠足也不敢给人看。其他作弊手段还有如下几种:

(1)"串通"。厂方与带家先行协定赌赂办法,由带家向厂方通报他所掌握的赌注,尤其是大注的情况,使厂方心中有数,便于抉择。如厂方发现被射中的赌注太多太大有赔累过多的顾虑时,即可用"止封"或"换封"的办法来改变,否则仍按正常办事。本来带家是代表赌户利益的,在他三十抽一的扣佣收入计算上,他是希望自己所带的赌注中得愈多愈好的。同时,一般大户的赌注,多加密封加印,不易窃看。尤其重要的是带家必须取得赌户的信任,为赌户下注守秘密,否则会失去自己的地位,影响自己的生活,通常情况下是不愿意干的。只有在某大户下注特别重或各注特别集中,计算贿赂可以大大超过扣佣时,带家才会作弊。

民国赌坊

（2）提前"止封"或临时"换封"。在前条所述厂方已经预先掌握了赌注的基础上，如果那些可以中彩的大注尚未入厂时，头家可以借口"今日注款已经超过预定资本"或"今天的准备现金因事尚未送齐"等，通知"保利"提前"止封"，使那些大注不能入厂。如果大注已进厂，乃实行一种临时"换封"的办法，即头家在原定的一个"封子"之外，预先再准备一个"副封"，用偷梁换柱的手法将"正封"取下，换上"副封"。不过"换封"的作弊带有很大的风险，且须具有十分灵巧的"掩眼"手法，否则会当场引起暴乱，甚至发生抢厂事件，故非万不得已和具有熟练的技术，一般不敢轻易尝试。

广州市城郊的赌厂大多以小木箱装上"封子"，锁上锁，加以封条。小木箱的门，故意制得甚厚，其实中空而夹以薄板，置有弹簧，放上两个一模一样的封子。正封放于箱内，副封夹于中空的箱门，然后锁好加封条悬挂。及至上封后，厂方便查看赌注的情况，如果赌注下得最多的字与正封相同，厂方便会开出副封，反输为赢。厂方也害怕手脚不灵给人看破，故开封时必然放大串鞭炮，更有厂方的"打手"（即看门的）围着，然后将运吊木箱的索子放下开锁，这时鞭炮纸屑四溅，白烟滚滚，又有"打手"围着，开封的人转眼间便做了手脚。围观者望中心切，集中于听唱字的声音，故不易发觉厂方开封时的玄虚。

（3）"挑剔"。即对已经中彩的所写的赌注花名字加以挑剔，凡写得不端正的或错字简笔，作为"废注"，不予赔偿,并没收其注钱。这些被废注的,大多是小户小注,因他(她)都是文盲,要请人代写赌注,代笔人又多是市井之流,没有学过书法,错误在所难免。况彩金不多,不愿争辩,免得麻烦。至于大户大注,则下笔慎重,甚至用一本正楷字帖对照临摹,并据此与厂方的挑剔讲理或打官司。

(4)"违禁"。字花赌博习惯有"王不见王""四子对杀"和"七朝八杀"等不敢连开的禁例。比如福孙、太平、正顺、井利等都是皇帝,则今天开了福孙,次日就不能接续开太平、正顺或井利。又如志高对杀占魁、坤山对杀太平,今天开了前一名,次日也不敢接续开后一名。如果违反这些禁例,就是触犯"财神",必遭人灾畜祸、家破人亡之患。据说这些禁忌,除迷信的限制外,也是头家们用来作弊的一种手法:一方面它可以缩小围注名额,扩大中彩概率来吸引增加赌注。譬如今天开出了井利,赌户们对明天的下注,就可以除去福孙、太平、正顺3名,加上井利本身1名(花会不能如番摊一样可以来"老"一合),只剩下32名来考虑了,这样可以增加赌户投机的心理而增加下注。这在谈赌的时候,是常见的现象。但另一方面却被用来做最后收厂时"大杀四方"的手法,例如头家决定后天收厂结束赌博时(收厂是头家秘密决定,赌户无从预知),今天故意开出井利,明天即违禁开出福孙或正顺、太平,因为明天所有的赌注均不会对这三名下注,可以来一个干净收入,不赔一文。赌户受此欺骗后,虽愤愤不平,奈厂方都是豪绅巨户,又已收厂结束,亦无可奈何,只能在背后咒骂几声"绝子绝孙,不得好死"而已。唯此事亦不多见,否则反而会引起赌户的警觉。

(5)"内祟"。是指厂方内部装封子的人作祟而言,其方式有两种:一种是装封子的人一面自己装封,一面自己私下在外下注,使自己独占盈利,其他股东则蒙受损失。因为凡合股经营的头家,须在股东中互推一人装封子,他有独自决定逐日开名之权,并有不向其他股东及任何人泄漏封名之责,因而他有独自舞弊的机会。本来装封子的人在股东授权之后,必在各股东面前焚香立誓,保证不泄密,不"内祟",其他股东亦多以他平日行为为基础,信赖而不疑。间亦有规定若干守则,如轮流装封,在装封期内须独居宿不能接近妻室等以为监督的。但装封者私自在外下注的事件仍不少见。另一种是装封人故意在外散播假消息,使人以讹传讹,中其骗计,因而反蒙损失者亦有之。

(6)"行劫"。厂方查看赌注的情况,发现被射中的赌注太多太大有赔累过多的顾虑时,有时厂方会干脆指使一些人假作土匪打劫其厂,将字箱或封子抢去,然后向官府虚报受劫。有的赌厂为了维持"信用",则将本金发还各带家,分给各赌户;有的赌厂借口损失惨重,无力发还,故意暂停开办一两天,候找"财东"方能续办,将全部赌本吞没。

(7)"还神"。赌厂有时还会串通神棍、庙里的司祝一起诱赌。他们伪造某人求某庙的菩萨，用字花筒①求字，于某日中彩，特意造一些"横财就手"或"祐我生财"之类的木牌匾，漆以红底金字，送到庙里去，说是"还神"，还乐助香油资若干，由赌厂暗地里出资派其爪牙伪作中彩人做还神之举，并且串通带家，说是某带家经手得中的，言之凿凿，煞有介事。赌户们信以为真，也到庙里去拜神求字，投买字花。

上述各种作弊方式，终究会被人识破，故不能作为经常的手法。实际上字花赌厂搜刮欺骗，最基本的还是靠36个名字与30倍酬金的比差。这本来是一个很明显的道理，比如你用全数围注的办法，每名都下赌注1文，即须36文，虽其中必有1名中彩，但所得的彩金却只有30文，实际上就输了6文，至于扣佣等还未计算在内。可惜，这道理未必人人洞悉。

8　话斗蟀

在赌博的种类中，规模宏大、手续复杂的有番摊、白鸽票、山铺票、闱姓、花会等，均需设厂或成立公司，由

---

① 字花筒：开花会的时候，庙里必备有字花筒设置，以供拜神的人求签出字。

政府招商承办。其他如斗蟀、斗狗、斗雀、斗鸡、牌九、牛栏、升官图等，多属家庭游戏性质。清末光绪年间，广州市内斗蟀之风一度特别盛行，已经远远超出了游戏娱乐范围，成为一种赌博手段。

喜好斗蟀的人首先须悉知蟋蟀的习性。蟋蟀分为茶蟀和麻蟀两种。茶蟀生长在初夏，寿命短，体力弱，只能用于小斗；麻蟀生长在夏末秋初，体力强壮，可作大猎之用——但麻蟀在度暑时易患热病，深秋过后又需保温，勿令寒侵其体，若蟀患寒病时较难医治，故饲养斗蟀需花费钱财购买滋补之品，如莲肉、参汤等，又需花费精力保其平安度暑以及防寒。因而嗜好斗蟀者都是富贵人家，在举办斗蟀的同时，也大肆挥霍，促成斗蟀之风一时盛炽。

斗蟀分为大猎和小猎两种。小猎又称小斗，不限场地，随便即可开设，所赌不过三五百斤饼而已。斗蟀者为了避免以财为赌之名，借口以饼饵为赌，100斤饼饵折银6两，满1000斤饼饵谓之1猪，即合银60两。

大猎有专门的场地，一般选择在近河的村前，搭建棚屋，分辟街道，沿岸筑以板堤，半跨河面半依陆地，人称斗市。斗市专为赌客下榻、游乐而设。为了防范火灾，真正的蟀猎场所设在距离斗市数百步的地方，摆下方桌数10张，另设小室数间。每天上午斗蟀者带着自己的蟋蟀赴猎后，首先选择方案安置斗蟋，等待草证[①]作介绍。赌斗的

---

① 草证：即工作人员。

双方经过对比合意后,便签饼画约。签得饼饵多的一方有权决定是否赌斗,并可将其饼饵以多折少,合乎对方的数量。然后即可由草证将双方引入斗室,双方人数相等。室门紧闭,赌斗完毕方可开门,胜负两方分赴行数[①]、夫数[②]两处柜面报数。胜方在行数处领款,负方在夫数处交款。若胜达3局以上,承赌方面除送花红鞭炮以外,还赠帅旗一面。得胜者高举帅旗,奏凯而旋,大开花筵,尽情喜庆。

斗蟋

---

① 行数:行者,幸也,即胜方。
② 夫数:夫者,负也,即败方。

为了配合斗蟀赌客的挥霍，斗市上奢侈豪华，酒楼茶肆、赌馆烟室、剧场旅店及其他种种应景商店，应有尽有。有许多高级戏班子前来演出，免票入场。

民国以后，由于社会生活动荡不安，赌禁屡兴，斗蟀之风转趋澳门。金秋时节，穗港斗蟀赌客纷赴澳门，络绎不绝。

9　搓麻雀

麻雀牌由明代末年之默和牌加上东南西北四将演变而成。初时流行于闽粤沿海各地及各海舶间，清末光绪年间，发展至宁波江厦及津、沪。乾隆以后改梅、兰、竹、菊、琴、棋、书、画等为花张，称为花麻雀牌，逐渐流行于全国。

广东的番摊、字花、山铺票等赌博都不同程度地受到士绅的鄙视。但士绅对变化无穷的麻雀牌，不但不鄙视，反而格外喜好，将其作为特种游戏。那些旧式的道学先生或守旧君子，不愿在社会上抛头露面自不必说了，就是那些受过欧美教育的新潮人物，亦多通过赌麻雀牌作为媒介以跻身社交场所。因此，旧广东的学生需通过赌麻雀牌来结交青年男女朋友，政客需通过赌麻雀牌来勾结官僚军阀，而土豪劣绅则需通过赌麻雀牌来邀好于权贵。赌麻雀

搓麻雀

牌在旧广东真谓时髦一时,得意至极。

广东其他阶层的人亦普遍嗜好赌麻雀牌,凡进行麻雀牌赌博者,往往夜以继日,数天不休,除仓皇就食外,全部精力都投注其中!在城市里赌麻雀牌的,多为官商士工,这些人除了正常的工作时间外,业余时间多以此为娱乐。在乡村中赌麻雀牌的,则为乡绅及小康人家,耕农人家亦偶有为之者,佃农则甚少也。最出名的有信宜县的大路街、水口镇,茂名市的红花坡、深塘、仙坑、招福坡、广潭、桂山江等地,素有"麻雀牌林"之称,这些地方的人非赌麻雀牌不足以消磨他们的闲暇时间。

中国北方各省的农村赌麻雀牌者甚少,京、津等地的市民以麻雀牌消遣娱乐有之,但赌者寥寥无几,唯粤省赌麻雀牌之风特盛。

10　六大赌商

刘学询　刘学询（1855—1935），字问刍,香山县人。前清翰林,候补道台。

他仕途一直不得志,转而经商,在穗、澳两地开设赌场生意,经办"闱姓""番摊""山铺票"等赌博,数年间积资百万。光绪十年（1884）,张之洞督粤,重新开放闱姓赌博,以筹款建置兵工厂、炮台及钱局。他自愿报效巨金,承闱姓,年饷达数十万元。他所开设的闱姓厂有"富贵""京华"两厂,地址在今广州城西第八甫。他在西关荔枝湾附近建了一座花园别墅,时人称之为"刘庄",极尽宫室台榭之胜,堪与潘仕成的海山仙馆相媲美。其后张之洞借口抄其家财,没收刘庄入官。他携同一妻八妾寓居杭州西子湖畔,并仍然与广东的开赌承饷保持密切联系,财源不匮。最后,他以80岁高龄无疾而终。

李世桂　李世桂,清朝武员,广协左管都司。

1894年,李鸿章总督两广,时广东已公开收饷承办闱姓。李鸿章借口筹款整顿沿海防务,招商承饷开办番摊,设立善后局,官督商办,美其名曰"海防经费"。李世桂以承饷200万两之巨,承办全省番摊赌博。一时门口高挂"海防经费"灯笼的番摊赌馆遍地皆是,由赌博而引起的家庭破裂、谋财害命的事屡屡有闻。1903年，岑春煊接任两广总督，在社会舆论的压力之下，扣押李世桂，并扬言要严惩。但岑春煊并非真心禁赌，清政府也舍不得巨额的赌饷来源。结果岑春煊只是将李世桂革职，罚其报效10万元了事。时人创作了粤曲《李世桂奉传》《三小姐①探监》等，讽刺此事。

苏秉枢　苏秉枢，字域农，绰号苏大阔，以花花公子出手阔绰的形象名噪一时。

1902年，清廷议定废科举，闱姓赌博行将告终。为了填补这一笔巨额饷源，总督陶模准许开办山铺票赌博，年饷百余万，由苏秉枢与区梦屋分别承办。山铺票赌博带来许多社会问题，遭到舆论的谴责。1909年，省谘议局议员陈炯明等倡议禁赌，两广总督袁树勋借口赌饷甚巨，要筹款抵补方能施禁。翌年谘议局特为禁赌提案召开临时会议，议员兼赌商苏秉枢以每人500两白银的重金贿赂部分议员，出力大者其数倍蓰②。结果在投票表决时，投反对票的议员竟占据多数，致使禁赌议案流产。

事后苏秉枢大肆庆贺，张灯结彩，大排筵宴。支持禁赌的议员愤然辞职，并激起各界公愤，士绅等集会于明伦堂，声援主张禁赌的议员，声讨反对的议员，更有人开列反对禁赌议员名单贴于城门，以示与众共弃。许多反对禁

---

① 三小姐：李世桂的妹妹。
② 倍蓰：即5倍。

赌议员不被乡人、族人承认，不敢回家，连月只在苏宅住宿。北京同乡京官也来电谴责。反对禁赌的议员最后相继辞职，袁树勋亦以事情闹僵，离职去任。张鸣岐接任两广总督，与谘议局议员及官绅几经磋商，决定以盐斤加价和烟酒增税来弥补赌饷，实施禁赌。

苏秉枢还开设银号。为了博取信誉，他在陈塘大寨里挥金如土，以3000元购买名妓手中的一根钓竿，以10000元在水灾义卖上购买一瓶汽水。他的这些举动骗得不少人的信赖，许多大户富家里有私蓄的佣妇纷纷在他的银号里信托存款收息。他大发其财，后来因买空卖空投机失手，宣告破产，负债潜逃，身败名裂。而被他欺骗的顾客也损失惨重。

郑六叔 郑六叔，原名郑润珧，20世纪30年代初期深圳的大赌商。

1930年，冯祝万主理广东财政，关道出任全省税捐局局长。当时广东的赌捐是以筹措防务经费的名义缴纳的，表面上登报公开承投，暗地里仍是财、税界的要人捞回。关道的心腹郑润琦承办了宝安县的防务特权。为了拓展深圳的赌业，郑润琦在广州募集资本10万元，其中包括了冯、关的股份，由他的弟弟郑六叔带往深圳创办"大利公司"。

郑六叔首先强行收买了深圳土豪开办的赌馆，并另迁新址，在深圳火车站附近建立了深圳大赌场，在深圳墟里设立5家小赌场。他亲自负责大赌场的经营。为了吸引香港赌客,大赌场专门聘男女"进客"若干名,前往香港拉拢赌徒。"进客"按赌注的大小抽取佣金作为报酬。由于女"进客"特别活跃,妇女来赌博的很多,其中不少人是港商的宠妾和富家小姐,下的赌注非常大。有的女"进客"每月的扣佣收入近千元。大赌场还规定,凡外埠来的赌客,不论输了赢了,一律给回旅费。由于香港过来的妇女各色人等繁杂,于是黄色事件也越来越多,旅馆业也跟着兴旺起来,深圳日渐变成了赌场兼淫窟。

给深圳墟带来巨大利益的深圳火车站

1932年,陈济棠排挤了李济深系势力而独霸广东,冯祝万和关道都下了台,陈济棠把深圳的防务经费交给霍芝庭承办,郑六叔等人离开深圳,满载而归。

霍芝庭 霍芝庭(1877—1939),南海县石头乡人。旧广东最大的烟赌商人。

他少年时在香港做过商店杂工,后来继承父亲在广州开设的"福利"铁锅店,结识了广东水师提督的军需官,共同经营废旧军械更新的投机生意。他还加入了葡萄牙国籍。

龙济光入据广东时,霍芝庭结识了龙济光。1914年广东大水决堤,龙济光以救灾为名,设立"水灾善后有奖义会",亦即在全省公开投标招商承办山铺票。大富商麦竹寰中标承办,设总厂于广州,霍芝庭与植梓卿合办了江门、佛山两地分厂。当时广州总厂的铺票每条1角5分,头奖约5万元;江门分厂的铺票每条5分,头奖万余元。广州铺票1条可置江门铺票3条,即花1角5分可获3个中奖机会。霍芝庭利用市民贪中奖机会多的心理,在广州开设江门铺票代收处,扩大江门铺票的销售面,致使江门铺票大量涌入广州铺票市场。江门铺票的发售量增大了,奖金也提高到2万-3万元,广州铺票的发售量则相对下降到2万-3万元。麦竹寰因此向龙济光申诉,请求禁止江门分厂在广州发售铺票,但因霍芝庭与龙济光勾结甚深,毫无结果。不久,霍芝庭吞并了广州总厂,承办全省的山票铺票赌博,月饷40万元。

桂系军阀祸粤时期(1918—1920),赌博开放。霍芝庭以每月缴饷3万元投承了广州长堤地段的赌权。长堤油栏门至西濠口一带是广州市番摊赌博最热闹的地段,霍芝庭在这一带设立了明生、荣生、广恒、广益四大番摊公司。粤军回粤以后,省长兼粤军总司令陈炯明下令禁绝烟赌,霍芝庭逃往香港。

1923年滇桂军入据广东,开放烟赌。滇军招商承办全省山铺票,当时战事尚未结束,各赌商不敢冒险投承。结果霍芝庭以月饷51000元承办。滇军与他约定试办3个月,期满后再行协议。他在试办的3个月内,总共获得了10万—20万元的纯收益。3个月期满后,政局稳定,广东省财政厅收回山铺票的投承权,公开招商承投。结果他又以月饷10万元的巨额中标,为期一年。在这一年之内,有时每月的纯收益高达8万—10万元。其后1924至1932年间,山铺票的承办权皆由他设法招得,他还改进山铺票的赌博方法,加入联榜的形式,吸引了更多的顾客。

1932年以后,陈济棠确立了在广东的统治地位,委派心腹区芳浦主持整顿财政。区芳浦打破各地驻军和地方势力包庇烟赌,把持税捐,损害省财政收入的积弊,对全省的烟、赌、花等税捐公开招商投标,中标税捐商除交中标金额给财政厅、局外,还要另交10%给当地驻军作公积金。霍芝庭命心腹暗中在各地成立赌公司参加投标,同时故意招一些外人参加以作掩护。投标结果,各县属的番摊、有奖义会都是他手下的人承包下来。1933年,广东全省防务经费(赌饷)年约1400万元,其中霍芝庭缴饷七成,他本人获利1000多万元。

陈济棠

1933年冬,陈济棠因开放烟赌受到社会舆论的谴责,不得不虚张声势,扬言"要禁绝省河烟赌""整饬市容",把广州市内河北的烟赌统统迁往河南①,同时还在深圳另辟烟赌区,命名为"娱乐场"。霍芝庭除了在河南挂起"裕泰公司银牌现钱"的招牌外,还在深圳与澳门赌商合作,开办了"又生番摊公司",设立男女"进客",常驻香港,专门引诱香港赌徒到深圳聚赌。他又在深圳开办大酒店、大餐馆、大赌场,设备豪华,吸引香港客人。

霍芝庭还从陈济棠手里承办了烟税,组建私人武装缉私力量,组织"两广合益公司",从事贩运云贵地区的鸦片烟。他的儿子霍宝财在陈济棠主粤时期出任广东省银行副行长,至20世纪50年代仍任香港私营广东银行总经理。霍芝庭又自设多间大银号,并在香港的外国银行拥有大量存款。他在佛山置田极多,由南海石头乡起一直到佛山文塔,纵横数10里。他在香港的房产也很多,有一位管家专门从事收取房租。

霍芝庭一生善于以资财结交权贵,恃势敛财。历届广东当局的军阀均与他过从甚密,如陈炯明、龙济光、莫荣新、李济深、陈锦枢、陈济棠,以及后来的余汉谋、宋子文等。他与陈济棠的结纳尤深,多次鼎力相助陈济棠度过财政困难。他也是陈济棠主粤时期广东最大的烟赌商人。1936年陈济棠反蒋失败,霍芝庭逃往香港,1937年病死于

---

① 此处的河北、河南是指珠江将广州城区分为河北和河南两部分。

香港。

莫秀英 莫秀英（1900—1947），广东茂名人。因排行第五，人称莫五姑。1918年被陈济棠纳为妾侍，后立为正室。1947年病死于广州梅花村住宅内。

陈济棠统治广东时期（1932—1936），莫秀英与陈济棠的胞兄陈维周一道直接插手烟赌捐税的搜刮。1932年陈济棠排挤了李济深系的势力后，将深圳"防务经费"的大权交给霍芝庭，霍芝庭在深圳开办"又生番摊公司"，经营赌业。陈维周与莫秀英也亲自出马，在深圳原有的大赌棚旧址上，盖起豪华的"深圳大饭店"，里面包括了巨大的赌场、烟馆、淫窟和餐厅。赌场里番摊、骰宝等各种赌博齐全，并设有当时在国内尚属罕见的轮盘赌博。赌场里的招待也异常周到，开牌①在1000元以上的，可以在饭店里过上奢靡的生活，输光的赌客则发给回程车票。

1935年冬至1936年4月，莫秀英还在广州荔湾冲西岸开办了一家非公开的俱乐部，人称"文武赌场"，主要供官僚政客、富贵人家以赌博为媒介，进行卖官鬻爵、行贿论价的活动。

"文武赌场"分设"文德""武功""内教"3个部门，分别接待不同类别层次的赌客，各部门之间相互不往来。

"文德"部是为招待文职官员及文人学者而设，备有

---

① 开牌：购买筹码。

围棋、象棋、麻雀牌、升官图等4种赌具。莫秀英每晚必到部里巡视片刻,很少与客人交谈。客人有所请求或接洽皆由部门主持人转达,莫秀英有所表示亦由主持人下传。凡进入该部的客人多数是有所求而来。

"武功"部是一个大规模的赌场,各种赌博式式俱备,主要接待豪商巨贾、显贵子弟和宠妾。部里执役者如云,随叫随到。赌客在这里可以一掷千金。

"内教"部专为招待妇女而设,进出者都是高级官眷、富商妾侍、殷实孀妇等。部内只设麻雀赌博一种。部长及执役人员全是女性。

能够进入"文武赌场"的客人均须由一定社会地位的人或各部主要执役介绍。日军占领广州后,该赌场的建筑全部被毁坏。

11　清末两次禁赌争议

早在郭嵩焘督粤时,就向朝廷上疏指出广东的吏治败坏,与赌风特盛有密切关系。他认为应减少或者干脆取消广东上缴朝廷的"京饷",方能着手治理广东。但在此后的10多年间,广东先后更换了8任总督,除蒋益澧、张兆栋禁办赌博外,其余的督抚大吏均视开赌筹饷为一重要财源,哪里肯轻言"禁赌"?李瀚章以贪污出名,人称"大荷包"，巡抚马丕瑶劾奏他贪污，建议朝廷禁止广东征收番摊赌博的"陋规"，作为杜绝官吏贪污的一个重要途径。不料马丕瑶竟暴病而亡，有人说是被庇赌开赌的贪官污吏毒死的。

不过，马丕瑶的上疏得到了社会舆论的有力支持，朝廷被迫让李瀚章去职，以谭钟麟继任。谭氏深解朝廷旨意，为了在广东搜刮更多饷银，他不顾民众的反对，继续开办闱姓，甚至准备开办番摊。当时的布政使岑春煊秉承马丕瑶的精神，虽然谭钟麟是他的顶头上司，亦奋起劾奏，博得社会舆论的一片同情。但朝廷并不理会岑春煊的劾奏，反而将他调往山东，让谭钟麟放手搜刮。

1903年，岑春煊出任两广总督，消息传来，广东民众欣喜不已，因为大家没有忘记当年他奋起弹劾谭钟麟的情形，期望他上任后能力图禁绝广东的赌祸。岑春煊也放出声气，扬言要切实整顿吏治，杜绝贪官吏的不法行为。当时自藩、臬两司以下的大小官吏和劣绅，无不胆战心惊。岑春煊到任后，即将著名赌商、武员李世桂扣押，准备严惩。但在大小官绅及其他开赌势力的阻挡之下，岑春煊也只好让步，仅将李世桂革职并罚款数10万元了事。当时有一位官员潘文铎，以为岑春煊真的下决心禁赌，便拟《请革除弊政①以清盗源》一折，呈由都察院代奏。朝廷获悉后便下达上谕，饬令岑春煊妥筹缉捕经费，以禁绝赌饷。岑

---

① 此处"弊政"指开赌筹饷。

春煊却以赌饷甚巨,不易筹抵,谓潘文铎既然能够慷慨陈言,必定是胸有成竹,责令潘文铎筹议抵补赌饷之款项的计划,详覆核夺。潘文铎吃了一记闷棍,加上本无才识,更非理财专家,哪里还敢出声?此事便不了了之。岑春煊任职3年,旧广东的赌祸有增无减,大失广东人民的厚望。

1909年,根据朝廷颁布的"预备立宪"法令,各省谘议局相继成立,广东谘议局也于是年成立。谘议局分为常年会和临时会两种,均由督抚召集。谘议局成立后至1911年,召开过常年会和临时会各两次,先后提出议案147件。这些议案执行与否的权力全操在督抚手中,督抚对于谘议局的权限是"削之又削,又广用监察钳制之术,务使归于有名无实而后已"。但关于省政的问题,往往导引出谘议局与督抚的矛盾,对以往死沉的政治空气有所改变。

陈炯明

1910年,针对广东人民深恶痛绝的开赌庇赌的现状,身为同盟会员的议员陈炯明提出了禁赌议案。两广总督袁树勋以赌饷数额甚巨,要谘议局讨论筹款补抵。谘议局特为此事召开临时会议,在表决时大部分被赌商以重金贿赂的议员,公然投票否决禁赌提案。一石激起千重浪,广东社会各阶层被震动了,奋起还击。

首先是陈炯明、邹鲁、古应芬等主张禁赌的"可议员"集体辞职,创办《可报》大造舆论。接着全省选民代表在明伦堂开会声讨"否议员",并有人开列"否议员"的名单贴于城门,以示与众共弃之。还有人把这件事编入旧广东最长的龙舟歌《庚戌年广东大事记》之中,任由艺人沿街演唱。有些"否议员"的乡亲还召集族会宣布与该"否议员"断绝关系。在民众的强烈谴责声中,"否议员"先后辞职。袁树勋亦因事情闹僵被迫去职。继任的张鸣岐与官绅反复商议后,决定以盐斤加价和烟酒增税来弥补赌饷。于是在1911年3月30日,由朝廷宣布广东全省禁赌,违者严惩不贷。是日广州市各界举行化装游行,扮演由于赌博而造成的种种惨象,表达了人们对于禁赌的强烈愿望与决心。

12 民初禁赌风云

1911年10月,武昌革命党人起义成功,各省纷纷独立,广东也成立了革命军政府。在军政府掌权的一年多时间里，创造了不少值得后人颂扬的业绩，其中便有禁烟禁赌。

开赌征饷是广东社会长期得不到根治的痼疾。辛亥革命初期，秩序混乱，赌害复起。军政府成立后，重申严赌条令，严格执行禁赌措施，违者处以严重罚款或拘禁。当时进入广州的民军队伍多达50余支，近14万人。民军的士兵聚赌、抢劫，军官则"大多数沉迷于嫖、赌、饮、吹的堕落腐化生活，对于政治、军事都置之不闻不问，每天只懂得向军需经理人取款，以供尽情挥霍享乐"（李朗如、陆满《辛亥革命时期的广东民军》）。民军的饷项每月近百万元，约占当时广东军费开支的1/3，一个月就耗去了军政府收到的全部捐款的2/3，成为一个沉重的财政负担。故军政府常常拖欠军饷，而民军的领导人甚至持枪相逼，索取饷银。在这种情况下，民军领导人之一石锦泉拟定了一个章程，联合民军其他领导人，向陆军司长邓铿提出暂弛赌禁的请求，但是邓铿断然拒绝。在军政府当政时期，广东基本上制止了开赌征饷的现象。

袁世凯窃据民国大总统的职位后，扶持军阀龙济光霸占广东，广东军政府宣告失败。为了维持军费开支及搜刮广东财富，龙济光借口水灾救灾重开赌禁，遭到了广东人民的强烈反对。1916年龙济光垮台时，北京众议院通过了禁绝广东赌博的议案，总统黎元洪及国务院分别发来特令及电令，命广东立即禁赌。但驱逐龙济光而进入广东的旧桂系，为了维持庞大的军费开支以及搜刮财富，收买议员，通过了开赌征饷的议案，激起了民众的极大愤慨。时有《南越报》的主笔李汇泉，在报上猛烈抨击旧桂系的贿赂开赌，遭到旧桂系军阀绑架、暗杀。广东的基督教会组织成立了拒赌会，举办拒赌征文比赛，在赌场门口发放拒赌会的铜襟章，劝告群众拒赌。

广州市民请愿禁毒

1920年，粤军回粤，驱逐了旧桂系。拒赌会向当时的省长兼粤军总司令陈炯明呈递请愿书，其中写道："桂系掌粤以来，规复全省番摊铺票等大小赌博，岁得饷项二千二百万元，遗害百世。……乞将现有赌博厉禁，以刷新全粤之政治。"各界热烈响应，举行请愿大游行，参加者多达四五万余人，队伍由天字码头一直排到东堤，沿途万人空巷，店铺燃放鞭炮。曾在谘议局里提出禁赌议案而获得人民好感的陈炯明，出来接见群众代表，接受请愿书，还与请愿群众见面，宣布决心禁赌，定在12月1日明

令执行。群众欢声雷动,久久不愿散去。从12月1日正午开始,各界群众又举行了庆祝大游行,古愚《广东赌祸历史》记叙描述道:

> 各举旗帜或头牌,书"禁赌纪念",给陈炯明像上书"禁赌大王",其他所题要言甚多,最切实者有"严防私赌""请问受赌开赌的狗官狗议员良心哪里去"。其化妆话剧,最好有三种:(1)《作赌恶之罪魁》,扮成李瀚章、龙济光、陈炯焜、莫荣新,以及其他运动开赌之善棍①、商棍、赌棍等辈,各戴面具。(2)《受赌贿之议员》,扮成剧场中之杂角,绘出当日通过开赌议案之状态,各皆头戴榄豉帽。(3)《被赌害之平民》,扮成因赌致乞、又一披麻服孝之子,手捧水盆沿途曰:"我虽系因为赌钱激②死老豆③,但系都要先去赌一轮至④去买水咯。"又有当票制成横袵罗伞,书明"赌之累"三字,又有扮成因赌自缢、因赌盗窃、因赌当娼、因赌卖妻妾子女者,皆真情真景、惟妙惟肖,并有粤军两队同行,所至之处,万人空巷,炮竹喧天,行抵军政府,各大总裁立命军乐队奏乐欢迎,行至省长公署,总司令偕各官员亲出头门

---

① 善棍:指借慈善之名骗财牟利者。
② 激:气。
③ 老豆:父亲。
④ 至:才。

外欢迎。是夕又有提灯大巡行,种种热闹,不减日间。佛山拒赌会同志会亦赶来参加,外人皆称赞之,较前十年三月初一日之禁赌大巡行,更为踊跃。

在这次禁赌中,民众表现出空前的热情,但当局所采取的措施却远不如军政府时期严厉。公开的赌博被取缔,但私下聚赌却比比皆是,就连陈炯明部下的将领亦都躲在公馆里聚赌。1921年下半年,粤军入桂,军行所至,更是大赌特赌,陈炯明绝不过问。1922年6月,陈炯明公开背叛孙中山,炮轰总统府。8月,他回到广州任粤军总司令。陈炯明占据广东后,局部开放赌禁。7个月后,孙中山领导的讨贼军打垮了陈炯明的部队,陈炯明退往粤东。为了维持军费开支及搜刮财富,陈炯明大大加重了各种苛捐杂税,甚至将赌祸转嫁到死人的头上。"将汕头市郊各义冢变卖,命死者后人迁枯骨另外安葬。迁出的冢地丈量定价,印彩票数万张,编列号码,以冢地为彩品,每张彩票售五元。挨户勒销,仅汕头商会即被勒索二万元。"(《广东军阀史大事记》)

以杨希闵、刘震寰为首的滇桂军曾一度割据广东,大开烟赌,疯狂搜刮。1925年被广州革命政府的军队驱逐,胡汉民等人重新掌握了广东。革命政府于当年的6月20日宣布禁赌。但这一次禁得更不彻底,所禁区域仅在广州市内;所禁项目,仅限于番摊、白鸽票及一切杂赌;市外各属除外,山铺票、麻雀牌也除外。因为当时东江一带仍为陈炯明盘踞、南路一带为邓本殷盘踞,国民革命军只分驻于西北两江一带,仍需依赖赌饷维持军队给养。范其务在大本营任筹饷局长,专管征收赌饷,后来筹局归入财政厅,在1926—1928年的收入概算中,仍有筹饷收入一项。

1929—1930年,两广军阀混战,为了支持军费开支,赌禁大开,各种赌博均招商承办。1931年,陈济棠统一广东,在民众的强烈要求下,曾表示"择要施禁。先禁其饷项较少者,次禁其饷项较巨者",但实际上只撤销了一家白鸽票公司,其余一切照旧,直至陈济棠垮台,再没有提过一个"禁"字。

13 设立禁赌委员会

1936年7月,陈济棠与李宗仁倒蒋,但敌不过蒋介石的金钱炮弹,归于失败,南京中央控制了广东政局,结束了长期以来广东的半独立状态。

8月中旬蒋介石飞抵广州,逗留了一个半月之久,这是自他统率北伐军离开广东后未曾有过的情况,足见南京中央对广东这块聚宝地的重视。经过蒋介石的周密安排,广东省、广州市政府及党部的领导班子组成了。8月17日,党、政、军长官举行就职仪式,蒋介石出席并作了训词,其中的第二点专谈"严格禁绝烟赌"。蒋介石说:"我们竭全力来禁绝烟赌,烟赌是革命政治上一个必须去掉的污点,广东今日还有烟馆赌馆存在,真是本党的耻辱。中央已抱定最大决心,不管财政困难情形如何,决不在这种害国害民的恶习上谋一文税收,一定要严格地禁绝。因为烟赌不除,不但危害社会,弄得萎靡游惰败德丧身,而且军风军纪也无法整顿。所以今后无论政治上的专员,或者军区官吏之考成,一定要视其禁绝烟赌是否切实彻底,为惩奖之标准。社会上也均应视烟赌为大敌,努力铲除。党政军全体一致应以此为大事,要知吾人今日即不能为民兴利,亦须消极地为民除害。"

8月26日,广东省成立了禁赌委员会,省主席黄慕松任委员长,三路军总司令陈诚、四路军总司令余汉谋为副委员长,民政厅厅长王应榆、财政厅厅长宋子良、省党部特派员曾养甫、高等法院院长史延程等为委员。规格如此高级的禁赌委员会,在全国唯此一个。禁赌委员会宣布于9月1日禁绝赌博,9月3—10日定为禁赌宣传周。

在实施禁赌及宣传禁赌的日子里,禁赌委员会印发了六言韵文,揭露赌毒赌祸,在市内及各县城四处张贴。广州市内各通衢大街悬挂巨幅标语,上书"禁赌是中央解除粤民苦痛""禁赌要从有势位之家庭起""禁赌就是救亡"等。有关官员轮流到电台发表广播演说、各级政府及党部通饬所属组织宣传队宣传演出,各报特辟专栏登载禁赌宣传文章,机关公务人员还要各具切结互相保证不赌。禁赌委员会还组织了禁赌论文比赛,获奖者由党政军要人授予奖品、题词褒奖,出版《禁赌概览》,等等。

这一切表面上轰轰烈烈,实际上收效却不大。因为这一切不过是南京中央以金钱统一广东,收揽人心,装出一副要刷新广东政治的样子而已。果然就在春雷初响之际,便有广州市酒楼茶室同业公会主席冯侠,具呈禁赌委员会:禁止麻雀牌游戏,无异窒息酒楼茶室生机,乞准予弛禁,以恤商艰。结果虽遭批驳,不准在酒楼茶室公开开局,但批准作为家庭娱乐游戏,为私赌留出余地。1936年底,芳村等地的白鸽票和字花已经半公开复活,不同的是不再由财政部门公开征饷,而是由当地土豪和警员收受陋规。

1937年春,深圳的又生赌博公司仍然在大张旗鼓经营赌博,禁赌委员会一直不闻不问。同年的秋天,抗战事起,日寇的飞机空袭广州市区,居民疏散返回乡间,乡村的赌博便公然而行了,再无人过问。沦陷时期,日伪的财政厅公开承赌征饷,持枪守卫在别处的日本兵总是凶神恶煞,唯独守卫在赌馆门口的日本兵总是笑容可掬,唯恐人们不敢进来聚赌。

抗战胜利后,张发奎、罗卓英主持广东政局,表面上仍然继续执行南京中央制定的严禁烟赌政策,再没有公开招商承赌收饷,但禁者自禁、赌者自赌。澳门赌商冼锦在永汉北路开办游乐场,大搞猜诗谜、打弹子等变相赌博。大批失业的中下级公务员和军官,勾结土豪劣绅地痞流氓,在市郊各处大开烟赌,形同化外。

1949年上半年，军统特务在广州市内包烟庇赌，市政府不敢过问，军统特务在闹市区的西关设立大规模的赌场，有时特务与军警地痞之间因分赃不匀，打着禁赌条例旗号互相攻击。但在这个时期，省禁赌委员会仍然存在，而且每年还有斐然成绩上报南京中央，真是不可思议！

娼 三

1　珠江花舫

古代中国东南沿海地区有一种被称为"疍民"或者"堕民"的水上居民,被规定为贱民阶层,不准上陆地居住。相传他们是秦汉时期西瓯越人的后裔,因反叛中央王朝而被贬谪海岛。他们世世代代以捕渔及货运为生。由于营生的特点,疍家特别重男轻女,自古以来疍家便有将女儿卖与邻舟,由舟主调教,勾眉敷粉,揿管调丝,勾引舟中的货主或船客的陋习。

随着商业经济的发展及城市生活的繁荣,这种古来已有的花艇姑娘便格外活跃起来。她们逐渐脱离了载货船舟,聚集在珠江面上的大木船里,由专业的娼鸨或龟公管理约束,卖身牟利。乾隆年间出任过广州知府的赵翼在《檐曝杂记》中写道:

> 广州珠江疍船不下七八千,皆以脂粉为生计。……珠江甚阔,疍船所聚长七八里,列十数层,皆植木以架船,虽大风浪不动。中空水街,小船数百往来其间。客之上疍船者,皆由小船渡。疍女率老妓买为己女,年十三四即令侍客。

这种疍船装饰华丽、陈设豪华，一入其中，几不知为浮家泛宅，故后人又称其为"花舫"。那些特别巨大豪华的花舫聚集的地方被称为"大寨"。

当时的广州尚未有碾米厂，各乡谷米，船载至穗，停泊在谷埠①，那一带商贾云集。谷埠的大寨里聚集了来自全国各地的娼妓，如潮帮、苏帮、扬帮等，专事招徕客商。

花舫

乾隆末年苏州文人沈复著有《浮生六记》，其中一记专述他在珠江花舫上的"半年一觉扬帮梦，赢得花船薄幸名"。沈复随常来往广东做生意的妹婿徐秀峰，带了苏杭的土特产"绣货""酒醉蟹"等来粤，货物很快就脱手了。沈、徐留粤半年，少不了寻花问柳。初至沙面，他们首先遇到的是粤妓，但这些妓女的"野妆蛮语"与他们的

---

① 谷埠：油栏门对开至沙基口一带。油栏门即现在的仁济路后面。

生活习俗格格不入，令他们扫兴。于是他们专门去寻扬帮妓女。其实所谓的扬帮也仅一鸨婆及一媳为扬州人，其余妓女皆来自两湖或江西，不过在扬帮中，人物的语言装束以及花艇上的布置令他们感受到乡土的气息，多少可以安慰他们身在异乡的寂寞。

随着商业经济不断发展，珠江花舫也终于告别了古老的经营方式，逐渐舍舟登岸。1894年，谷埗大寨的一只花舫不慎失火，火势蔓延至沙面租界。当地民众由于对外国人的侵略深恶痛绝，于是在出动手摇水车救火时，将煤油灌入水车之中，喷射到租界的建筑物上，使那里的大火越烧越旺。大寨的妓女及嫖客也参与了这一行动。

火灾过后，英领事会见两广总督谭钟麟，要求禁止船只停泊沙面，遭到拒绝。后来李瀚章来任两广总督，同意了外国领事馆的这一请求，将谷埗大寨迁往大沙头。大沙头水势湍急，大寨各舫以铁链相连，方能泊稳。1908年，大沙头大寨又有花舫失火，于是各舫再迁至东堤。这时东堤沿江一带，已修筑了马路，修建了洋楼，并有关东戏院、广舞台戏院，商业繁荣。于是各花舫先后舍舟登岸，搬进岸上的洋楼。其后，由于利益上的冲突，一些娼妓迁到沙基对人的陈塘另树旗帜，于是陈塘一带的酒楼旅馆如雨后春笋般涌现，其后"陈塘"这一地名竟成了广州娼妓业的代称。

大寨迁移后，仍有一部分暗娼以沙艇载妓留在原地接客，因为水深艇小，一失足即成水下冤鬼，故人们称这一带为"水鬼潭"。后来这里的暗娼遭取缔,迁往陈塘附近的新填地①,仍称水鬼潭,并明挂招牌交捐纳税。西濠口以及河南大基头的妓艇也同样经历了舍舟登岸的过程,西濠口的妓寨迁往长堤的篓巷,改作暗娼,由黑社会的下层人物庇护。至此,名噪一时的珠江花舫便告衰落了。

2 韩江六篷船

六篷船

与珠江花舫同荣枯的是韩江六篷船。《潮州志》的作者饶宗颐在谈到六篷船的来历时说:

---

① 新填地:位于现在的广州荔湾区六二三路后面。

吾潮位岭东重镇，居粤闽赣之要冲。当太平时，人易为乐，而城东临河一带，即漳、汀、嘉、赣诸州货运转输之枢纽。在昔商贾辐辏，市舶连云，榷馆傍岸，挑贩络绎。茶居酒帘闹其上，水榭笙歌喧其下。官绅士庶之所登临，篙江民夫之所游憩。此六篷歌妓所以不亚珠江，而名士题试、骚客品花踵相接也。

乾隆时的文学家袁枚、史学家赵翼，咸丰时的潮州文人林大川等，都对六篷船作过详尽的记述，俞蛟仿余怀《板桥杂记》而作的《潮嘉风月记》尤为详尽。但是以上的记述皆从玩赏的角度出发，以夸耀渲染风尘女儿对官绅骚客的痴情缱绻为乐事。如俞蛟所记的六篷船格局：

卷帘初入，见锦绣夺目、芬芳袭人，不类尘寰，然此犹丽景之常。更有解事者，屏除罗绮，卧处横施竹榻布帷角枕，极其朴素。榻左右各立高几，悬名人书画，几上位置胆瓶彝鼎，面倚篷窗，焚香插花，居然有名士风味。

《潮嘉风月记》录下了22名妓女的事迹，主要是因为她们都曾经接待过官绅墨客。由于与这些官绅名士的交往，她们大多自视清高，厌薄浮梁子弟，鄙视下层嫖客。濮小姑"遇少年服饰炫丽、举止浮荡者，厌薄之"；曾春姑"尝有贩米客备百金愿亲香泽，春姑鄙其人，毁装称疾。客去，蓉娘（鸨儿）让（责备）之"。被俞蛟记入风月名册的官绅士人有：临安吴颉云殿撰、吴川林召棠殿撰、黄岗张司马、吴江金大司马听涛、浙江士人沈静、潮州士人金柳南等。

濮小姑自从身事赴潮梅校试的吴颉云以后，"益自矜贵，即名士骚客亦难轻觐其面。假母逼之，小姑曰：'儿尝侍寝玉堂，何可复理故业？'遂出私囊千金于湘子桥边筑精舍数间，焚香礼佛。后闻吴君逝世，设位哭奠，数日不食而卒。"金听涛年轻时作客韩江，与曾春姑相遇，10余年后金以内阁学士校试潮嘉，春姑邀他上船宴饮，听涛认出旧人，赠白金500两慰遣之。春姑遂留金于蓉娘，说："儿不能复事贱役，聊借金公之惠以报阿母恩。"之后春姑择人委身而去。

这些风尘女儿的事迹表明：鸦片战争以前，中国社会尚保持着较为完整的政治及经济制度，人们的道德文化观念也较多地保持了传统的风貌。妓女在传统道德观念的驱使之下，力求知遇于官绅名士，企图借助这些伦理道德的人格化代表，将自己拯救出火坑，重新确立自己的社会地位。

光绪年间，在韩江上活跃了150多年的六篷船逐渐消失了，这也是与旧广东对外贸易地位的改变有关的。饶宗颐指出："今则交通疏畅、厘税他征，湘子桥岸，迥异畴昔。"

鸦片战争以后，清政府被迫开放五口通商，加上割让香港，广东失去了独占海上对外贸易的优越地位，各省出口的丝、茶等大宗商品，多改由就近口岸输出。商路的改变，致使原来从江西、湖南进入广东的商路沿线约有10万搬运挑夫失业，与此有关的百万人生计无着。又由于洋轮船可以经营土产转口贸易，洋轮船运载不仅快捷，且可以向保险公司投保，只纳进口半税，商人都乐于雇用洋火轮，广东各地的帆船航运业日益凋敝。这样，长期以来载货搭客的六篷船及珠江花舫，昔日繁荣一时，此时亦随之消失。

旧上海开始取代旧广东，成为各地名妓以及豪阔嫖客的聚汇地。根据有关资料的记载，20世纪20年代之前，在旧上海谋生的粤妓人数仅次于苏杭妓女的人数。

3 大寨风情

清末以来，商路改变，广东的商贸优势大告衰落，但一贯缺粮的广东仍需要从外地运进谷物，解决本省的缺粮问题。四乡的谷物，用木船装载，沿着珠江运进沙基涌，再用人力搬进谷仓。东堤沿江及陈塘一带，仓库、钱庄、货栈、旅馆食店鳞次栉比，青楼妓院、花筵酒家也应运而生，这一带成为旧广东纸醉金迷的著名温柔乡。聚集在这一带的高级妓院，大多是由昔日的珠江花舫舍舟登岸演变而来的，故仍然保留了"大寨"的旧称。

出入大寨的嫖客，多属军阀、官僚、豪绅、巨商、状师讼棍、捐商等人物。当时的生活水平很低，一个收入最高的茶房月薪不过7元5角，而嫖客在大寨里饮一晚花酒，却需挥金三数百元。嫖客如果需要"打通厅"（又称"打全骰"），即筵开数席至数十席，同时开设许多个宴厅，把全体宾客叫来陪酒的妓女的开销全都包下来。嫖客还需对娼鸨无厌的榨取、对妓女私人的馈赠出手极其阔绰，这些费用往往超过"开厅""设局"的好几倍。即便如此，嫖客仍未必能得到娼鸨的青睐。娼鸨一方面对这些豪客极尽奉承、诱惑，一方面则设法拖延，使他们对中意的妓女总是可望而不可即，直到从这些嫖客的身上榨取到足够的钱财为止。当时有权有势的大赌商苏秉枢，眷恋名妓新娇，在大沙头大寨里饮了3年花酒，仍未能得手。

大寨女子陪客搓麻雀

娼鸨允许嫖客进入名妓的"闺房"以后，还要再狠狠榨取一笔钱财，方让嫖客如愿。嫖客需以"出毛巾"的形式宣布他与某妓定情，由嫖客大摆筵席，遍结鲜花，打全骰、开雀局、设烟局，极尽奢侈，以抬高该妓女的名声。开筵之后，该妓女以毛巾分赠宾客，另以一种特别华美的毛巾送给嫖客，以示钟情于他。接着嫖客又需"探房"，其排场一如"出毛巾"，只不过是在妓女的"闺房"设宴罢了。之后还需"摆房"，为妓女购置全新的家具及床上用品，这也是一笔很可观的开销。曾有一嫖客为妓女摆房时，购置了一瓶150两白银的香水，而供客人抹面用的一条毛巾，每一条穗子上都挂着一个金币。摆房过后，嫖客便可以把妓女包下来了，有些一包数年，妓女的日常开销均由嫖客支付。但是娼鸨往往背着嫖客，让妓女同时接受几个嫖客的"定情"，这些嫖客被分别安置在妓女姊妹的房间，妓女再使出分身法去应酬这些嫖客。

娼鸨为了不让嫖客轻易得手，对妓女与嫖客之间的关系严加防范，同时也提防某一妓女钟情于某一嫖客。因此，大寨的妓女，尤其是名妓，一年之中接客住宿的机会极少。但是娼鸨却不太过问妓女与大寨里男员工之间发生的性关系。

4 娼鸨淫媒

除大寨外,还有一种高级妓寨,名叫"半私明"(半掩门)。大寨以及其他中低级妓寨是大张旗鼓、明挂招牌的,而半私明却是尽量模仿住宅人家的。半私明的娼鸨大多是富贵人家的退休妈姐[①],她们认所蓄妓女为亲生女儿,以示区别于普通妓寨。其实,半私明的妓女,来源一如大寨,多由这些退休妈姐从各地搜罗私生女婴,自幼加以特别培养。其中长得较好的,即被高价转让给大寨。

妾媵

---

① 妈姐:19世纪末20世纪初,福建、广西、广东等地区许多年轻的女子远赴南洋,成为大户人家的帮佣,被称作"妈姐"。这些女子,多是终身不嫁的"自梳女"。

半私明的娼妓具有主动接触富贵人家的特点。民国以来兴办新式学校，有的半私明妓女被送入学校读书，一则使她们接受适应上层社会交际场面的时髦教育，二则指使她们在富家子弟中，特别是在各校的侨生中活动，引诱这些幼稚无知的青年"回家"，使他们逐步陷入荒淫堕落的生活中，不能自拔。

此外，半私明的娼鸨还为那些在家庭内性生活得不到满足的巨室妾媵作淫媒。娼鸨原为妈姐，与这些巨室妾媵有所接触。妾媵又都有近身妈姐侍奉，近身妈姐与娼鸨的关系更为密切。她们相互勾结，引诱妾媵到半私明去暗渡陈仓。在这种活动中，嫖客付出的费用七成归娼鸨，三成归妾媵，而长得特别漂亮的妾媵则可得五成。

5　陈塘销金窟

20世纪30年代，广州的陈塘是著名的烟花之地。当时的陈塘关马路仅到沙面西桥的谷埠附近，还未伸展到黄沙等地。四乡的谷物用木船运入沙基涌，人工搬入谷仓，故这一带人口密集，商业兴旺。当年在陈塘南地区，计有花筵酒家6间、大小妓院20多处，至今仍留下"平康通衢""翠花""馨兰"等历史性街名。

民国时期的风尘女子

来往陈塘的有军政要人、法官律师、富商贵介、戏剧艺人、社会名流等,有些人甚至是合家前来同享灯红酒绿。他们到这里来主要是饮花酒,而在等待开筵之前,为了消磨时间,酒家为他们安排打鸡钵、搓麻雀牌等赌局,以及有妓院派出的容嫂①侍伺的鸦片烟局。花筵酒厅的角落里有一个更衣室,专门进行见不得人的秘密交易。割据广东的军阀代表与沙面洋行的买办曾在这里进行过军火交易,形形色色的政治掮客及求官鬻爵的人,也曾在这里进行过行贿受贿、讨价还价的肮脏勾当。

花筵席上的菜式特别昂贵,上等菜式每席约需百元(毫银),中等需六七十元,三等也要三四十元。开席以后,酒家通知妓院,妓院即派出歌妓,在一旁自弹自唱,以增加欢乐的气氛。客人写出花笺后,即由酒家传递到妓

---

① 荣嫂:在妓院打杂女工的通称。

院，应召的妓女便成群结队而来。写了花笺的客人身后多设一椅，被召的妓女就座侑酒。妓女逗留不过片刻，便又奔赴其他酒家的花筵应召。饮客传出花笺的费用为5元。妓女离去以后，客人照旧饮食作乐。

有些饮客在妓女侑觞时与之附耳私约，花筵散席后便约一二好友，遥往妓女的"闺房"打茶围。妓女以茶水果点招待，客人支付见客费。妓女向娼鸨交纳外游费后，客人还可以用出租汽车将妓女带出市区兜风。这种妓女及客人分别被称为"温妓""温客"。温客再向娼鸨支付费用，便可宿妓，称"煴房"。煴房的嫖客仍是约同三数好友，午后来到温妓的香闺，品茗玩牌，或设烟局，由温妓主持"烟政"，谈笑作乐，消遣时光。傍晚在房内开筵小酌，入夜后余客告辞，温客独留。若温客欲为温妓脱籍，便须打通厅大宴群妓，即包下某酒家的全部饮厅，设筵数十席，邀请温妓所在妓院的全部妓女赴宴。

全面抗战爆发后，敌机轰炸广州市区，官商士民为躲避战火，纷纷出走香港，陈塘销金窟也就渐渐冷落了。

6　变相尼姑庵

尼姑亦称师姑。旧广东的丧俗与佛教有密切联系。人遇有丧，一般都请僧尼到家中念经打醮。尼庵中亦香火旺盛，代代有人，因为妇女在当时遭受歧视，又没有独立的经济地位，遇事想不开或者悲观厌世时，往往亦以遁入空门的方式以求解脱；一些女婴一出世就被父母认为生辰八字有刑克，送入庵中苦行修炼，以免夭折，或者以免克死父母家人。此外，还有一些富家少妇，怀疑丈夫有外遇，以为通过有道行的老尼姑念经作法，可使丈夫回心转意，因而多乐于结交尼姑，求得方外人的助力。由于尼姑与社会生活有着以上种种的关系，所以在清末民初，旧广东的尼姑庵兴盛一时，变成了一种具有经营性质的地方，这种性质上的变化导致有些尼姑庵参与直接卖淫活动。

由于尼庵与经营挂钩，庵主既要四出交接、招徕佛事，又要巴结贵妇贵客，巩固庵堂的地位。按照佛家的传统，住持是按师徒关系，由师傅传给长徒的，但某些长徒虽然品德较好，却不一定能够胜任职务，这样住持的实权便会落到一些社会阅历丰富、工于心计、善于应对的尼姑手里，有些甚至本身就是妓女出身、善于经营丑业者。这些住持由于别有用心，对庵中幼尼悉心培养，教读佛经道

民国时期的广州比丘尼

典、诗词歌赋，其中一些聪慧者遂能文赋诗，谙熟琴棋书画。有些住持还厚礼聘请名师教授，药师庵便聘请过岭南派名画家高剑父传教。

尼姑庵内禅堂幽雅、庭院清静，古铜宣炉上焚烧着女儿香，香烟袅绕。当有客人光临时，妙尼合十道："阿弥陀佛，请贵檀越进来。"珠帘卷起处香气袭人、透脑迷魂，壁上灯光摇曳闪烁，打蜡地板上客人步履浮滑、心意飘摇。客人落座后，看见桌椅精工雕镂，横几放置古琴、名贵古玩，壁上挂着名人书画，书架上名典古籍琳琅满目，此情此景，怎能不令客人自觉超凡脱俗、恍如出世呢？

能够进入这种特殊尼庵的贵客，需要有熟客的特别介绍，并经过庵主的调查了解，确信来客家道富贵，为人好色，方能进庵会晤名尼，所以庵中的常客皆军政要人、富商大贾、社会名流之类。龙济光治粤时，有将领王纯良、马存发娶妙尼为妾，许崇智的部下亦多与尼姑有染，汪精卫的心腹曾仲鸣长期把药师庵当作最理想的休憩之处，宋子良主理广东财政时，与其亲信唐海安，索性把药师庵作为办公行署和私邸，吴铁城的大员温建刚被通缉时，躲入药师庵隐居一年之久。

庵中妙尼，淡扫蛾眉，佛衣潇洒，平常不苟言笑，偶然莞尔一笑、含情脉脉。来客若是腰缠万贯，妙尼则畅谈大藏、金刚经典的精要，点出《红楼梦》中的"好了歌"，曼声轻语道："终朝只恨聚无多，及到多时眼闭了！"无意中消解了来客的守财意识；来客若是蕴藉文人，妙尼则大谈琴棋诗酒，吟出应景合用的宿构腹稿之句，与客唱和。兴致起时，素手抚琴，音韵清冽，或者手谈一枰，走子妙着，有些妙尼甚至能以棋艺高超而驰名。此间种种独特色相，比起浊秽妓院里那些脂粉浓抹的凡俗妓女，实在是别有一种难以言传的魅力。

清初，平南王尚可喜在大北直街为其出家的妹子修建了檀道庵，又称皇姑庵，后来这所尼庵变为全市闻名的变相妓馆式尼庵。清末榨粉街某庵因其尼不守清规而被封闭。清代有候补道李瑞九，因与尼姑有染而被革职。

清末民初之时，这种名不副实的尼庵较多，后因遭受社会舆论的谴责而有所缩减，但仍有不少因为得到当权者的庇护而保存下来，其中较著名的有檀道庵、药师庵、永胜庵、莲花庵、无着庵、昭真庵、白衣庵等等。

20世纪二三十年代，这些尼庵中崛起五大伽持，分别为永胜庵的眉傅，药师庵的大虾、细虾，莲花庵的文傅，无着庵的容傅。她们以其聪慧与色相，吸引了无数檀越贵客，这些檀越贵客就成了庵主们的摇钱树。

全面抗战爆发后，庵主们自顾挟财逃难，这些被她们榨干了血汗的名尼有些竟流离失所、生活无着。

7　烟花血泪

1927年，广州市市政厅社会调查股对市内的公娼及私娼的情况做了一次调查，得知广州市共有妓寨131间，内有妓艇69只，妓女共1362名。其中上乘寨有70间，妓女761名；中乘寨42间，妓女486名；下乘寨16间，妓女115名。以上是由官府批准、领取牌照、按月缴纳营业税的公娼数目，而未经官府登记注册的私娼有1600余名，其中的南词班流娼尚未计算在内。同时，该调查股还专门加以说明："其来源及秘密卖淫情形，皆黑幕重重，非局内人不易洞悉其底蕴，故欲调查真相，极感困难，况囿于经费与时间之所限，挂漏之处，自知不免，兹所报告者，仅其中之一斑耳。"

妓女主要来自贫苦人家，许多人是身不由己，被逼为妓。不少富室的丫鬟被主人诱奸后遗弃，或是富室妾媵的私生女自幼被娼鸨收养，还有不少风流尼姑的私生女以及育婴堂里的女婴，亦落入娼鸨之手。有些退休妈姐专事蓄养女孩子，长大后转卖给大户人家作婢妾或卖给妓寨。总之，在笑贫不笑娼的社会里，妓女的来源是绝不会缺乏的。

民国时期的妓女

妓女被逼学习各种交际应酬手段,如棋琴书画等都能大致知晓,仪态、举止也经过特别的训练,日常生活也受到细心照顾,甚至连洗脸也不用湿手,专门有人给她们拧手巾,以保护她们娇嫩的肌肤及柔软的四肢。娼鸨的目的是要让她们出落得楚楚动人,令她们应酬接客,以赚大钱。

对于那些不愿接客,或钟情于某一嫖客,不愿保持若即若离关系的妓女,娼鸨会采用种种软硬兼施的手段,逼其就范。有时用甜言蜜语打动妓女的心,有时用禁闭、饥饿相逼迫,同时指使容嫂从旁婉言相劝,有时则以把她们转卖到下等妓寨或乡下为威胁。这一切均不奏效的话,娼鸨便让打手实施"打猫不打人"的毒刑,妓女不堪创痛,大多屈服。有些娼鸨还会使用"搭灯"的办法,将不听话的妓女佯称转卖,送到其他妓寨去受管束,嘱咐那里的娼鸨以更加严酷的手段威逼该妓女,而自己则亲自前往或派容嫂去探视安慰，装出关怀备至的样子，使其"回心转意"。总之，良女一旦被逼为妓，便再也难以跳出火坑了。

庵中由庵主一手培养出来的妙尼亦被看管甚严，无论是在庵中见客还是外出做法事，均有老尼或小沙尼潜伺左右监视。她们不得擅离庵堂，不得与外人接触，不得私受任何馈赠。如有违反或不按照庵主意图办事者，便会受到打骂、跪堂、顶砖、鞭腿、笞背等刑罚。

下等妓寨妓女的遭遇更是暗无天日。她们多是被人贩子拐骗而来的妇女，亦有一部分是在大寨里由于年华已"老"而被转卖过来的。被拐骗卖到妓寨的妇女进入妓寨以后，娼鸨首先指使打手强奸她们，破坏她们原有的道德贞操观念，挫败她们的反抗意志。她们在妓寨里完全丧失人身自由，稍有反抗，轻则遭娼鸨鞭笞，重则受龟爪毒打，时常被打得遍体鳞伤。她们当中的大多数人是夜间接客，日做奴婢。这些下等妓寨一般都并排设在一条街内，街的两头装上铁闸门，各由两名龟奴把守，妓女不得自由出入。娼鸨与官衙和黑社会沆瀣一气，妓女即使设法逃脱，往往亦被截获缉回，受到更残酷的折磨。1936年3月16日《国华报》上刊出一则告示：

> 妓逃。塘鱼栏十号成和堂妓院妓女花蝶影，年华二九，因厌倦风尘，拟择人而事，故曾数度向鸨披诚坦示，但鸨母诸多作梗，乃于昨十三日上午，偕其女

仆亚妹（14岁，番禺人）借词外出购物，一去无踪。事后虽经该寨鸨母朱林氏遣骑四出截缉不获，乃赴该管陈塘分局报请查缉。

当年珠江花舫上，一名红妓大奀，竟因拒客而自尽，时人支机生在《珠江名花小传》中记述道：

> 大奀，水榭未笄者，质洁而妍，人每以明珠仙露比之，又称为花魁，声价殊重。大奀恒以置身卑辱为恨，每语人曰："侬辈增一分身价，便多一分贱态，人以为可喜，侬辈以为可悲也。"性高尚，不与侪俗伍。逢迎诎媚耻不为，遇风流名士则肆其谈谐，而不及亵。有贵价至五百金，求半月欢。母利之，大不可，遂绝粒。

道光年间，广东南海县举人招子庸，曾在山东潍县等地当过县令，后罢官归里，专心从事民间说唱文学创作，创造出一种新的体裁——粤讴，广为流传。其中一曲名为《吊秋喜》较为著名，述说了作者本人在珠江花舫上遭遇的一段伤心恨事：珠江名妓秋喜倾心于作者，欲与之结为百年之好，却遭鸨母残酷迫害，秋喜以死抗争，投江自尽。作者同情她的悲惨遭遇，在曲中倾注了沉痛哀伤之情，因而风靡珠江，流行一时。

境况最凄凉的要数私娼中的瞽姬。瞽姬早年曾在茶楼酒馆上吃香过一段时间，那时她们的生意极盛，待在家中即有人来雇请，她们乘坐轿子前往演唱，故又称她们为"大轿"。后来大轿的生意被戏班女伶所夺，瞽姬的境况一落千丈，许多人不得不沦落为妓，出卖声与色。她们之中每夜可得度曲资10元以上者极少，多在2元以下。若一夜招揽不到顾客，回到家中便要遭受养母的责骂。夜深人静之时、天寒雨霏之日，人们常可以看见这些瞽姬在一老妇人的牵引之下，身背弦琴，踯躅街巷，凄哀卖唱。

附录

附录一　戒烟醒世图（节录）

戒烟醒世图

光绪二十六年岁次庚子

福州　闽北圣书会印发

福州　美华书局活板

劝戒鸦片烟词

嗟乎鸦片，遍种农乡。光含燕紫，色染鹅黄。品分上下，价别低昂。认非无术，熬必有方。本如蛇毒，却似麝香。诱人吸食，贻世灾殃。多年成瘾，本业就荒。毒穿腑肺，病入膏肓。心迷如醉，神失若狂。愁消闷解，冬暖夏凉。女兮晋妹，男也刘郎。只图欢乐，那管闲忙。蚕眠依枕，燕息在床。卧如伏犬，吸类贪狼。俾昼作夜，以柔克刚。瞠眸翻白，满面发苍。抽筋难忍，转眼即忘。半人半鬼，无阴无阳。身成朽木，腰似空囊。先弃恒产，后鬻高房。志气不振，贫贱徒伤。友淡如水，妻憎似霜。形容憔悴，魂魄消亡。食不下咽，饿欲枯肠。精神渐少，人世难常。不忍坐视，做成短章。用以相劝，胡不自强。悔之非晚，戒亦无妨。回头是岸，移步升堂。绝无后患，可使永康。体因复健，面觉有光。亲朋爱敬，乡党称扬。人能力改，予有后望。

附录二　废娼的幻灭

侯　杰　秦　方

近代历史上的废娼运动,经历了一个比较曲折的发展过程。清政府对禁娼的态度一直摇摆不定,并不十分坚决,最多只是限制官员不要动辄就去妓院。尤其是到了晚清时期,因为无法摆脱内外交困的局面,清政府更是无暇顾及解决娼妓的社会问题,只是规定官员不准去嫖妓。如果违反了这条规定,即使是皇亲国戚,也要受到处罚。1903年,贝子载振任商部尚书,一次在余园大宴宾客,召谢珊珊等妓女出局,结果乐极生悲,由于谢珊珊喝醉了酒,所以把胭脂涂抹在右侍郎陈璧的脸上,导致事情败露。这件事情后被御史张元奇揭露出来。于是,慈禧太后下诏书申斥载振,令其闭门思过。

有些官员由于认识到娼妓的悲惨地位,因此,把挽救娼妓当作社会公益、慈善事业来办,出面创办济良所等机构,救助妓女。1894年以前,清朝盛京驻军总兵官左宝贵在盛京小西关创办了一所慈善机构——同善堂,堂内有济良所,是专门为收容逃难的妓女而设置的。在济良所内的妓女最终都要从良,多是由所方择偶嫁人。对她们来说,这已经算是不错的归宿了。毕竟，那个时代，妓女能够找个正当人家，即使是给人家当妾，已经十分不容易了。

后来，随着时代的发展，一些富绅或者具有一定社会地位的人士纷纷出面创建济良所，开展一些力所能及的工作。如1911年在上海由绍兴、宁波、湖州等同乡会发起组织的全国妇孺救济会，拯救过有志改娼为良的妓女千余名。此外，还有同仁辅元堂等机构设立的妇女工艺院，也使许多本来可能沦为娼妓的女性学到可以谋生、糊口的技艺，避免了悲剧的发生。像这样的组织一直受到社会各界人士的广泛称许，其规模和组织也在不断完善之中。1929年，天津《益世报》记者对当地的妇女救济院包括从院址、布置、经费到教授情况等各个方面作了一番仔细的调查。可以看到，这种救济院基本上结构比较完整，经费也较为稳定，送到这里来的女性也大都学习了一些基本的生活技能，和以前受到歧视和凌辱的生活相比，可谓天壤之别。到了20世纪30年代，有关当局还有明文规定：凡华籍妓女逃进济良所的大门内，妓院老板就无权抓人，妓女因此获得自由之身。实际上，鸨母们也不会心甘情愿地看着自己的"摇钱树"就这么获得自由，所以对妓女处处提防，时时小心，因此能够逃出来的妓女都算是幸运儿。

事实上，也不排除有人假借济良之名，大行不义之实。20世纪30年代，在天津就有一家大约建于清朝末年的妇女济良所，该所以"拯济婢妾妓女女伶为职旨"，最初由李姓巨绅创办，后来归天津县董事会监督办理，并由自治费项下每月拨给300元作为经常费,以资补助。令人不可思议的是,济良所却内藏黑幕,成为逃到这里来的妓女们的牢笼。所内的女子每日两餐均是黑馒头和咸菜,每人每月膳食费不过4元,三四人或四五人共同居住在一间寝室内,空气污秽,光线黑暗,"既无相当教育,又无适宜工作"。更令人发指的是,该所负责人"既所女经人具领,非勒索重价即秘不通知,欢迎领妾,而阻挠娶妻(盖妾可以得善价也)"。所以,逃到该所的女子一旦进来,"动辄经年累月,甚至羁留数年,不得出所,具领者,非满足所中当事者之欲望,不能得所女之同意,而所女不得所中当事者之默许,不能配人"。

　　对于备受欺压的娼妓们来说,即使逃出虎口,还是看不见希望。另外,采取这种救助形式,只能说明主办者认识到了妓女们命运的悲惨而加以救助,但是并没有办法彻底阻止娼妓业的产生、发展,因此,所有这一切对于防止这种社会问题的加剧,往往是无能为力的。可以说这只是一种表面上对娼妓个人的解救,尚没有上升到对整个娼妓业彻底解决的层面。

　　由于近代中国娼妓问题愈来愈严重,所以租界当局在表面上也提出过废娼的问题,好像他们也并不赞同发展娼妓业,事实上却采取不闻不问、姑息纵容的态度。具体来说,租界当局所提出的废娼主张,完全是为了维护其本国侨民或外国来华人士的利益。如《大陆报》曾发表过消息,详载上海妓女中广为流行的梅毒对美国水兵传染的情况,呼吁中外人士加强对娼妓危害的认识。公共租界和法租界当局也曾采取过取缔南京路和其他地段拉客野鸡的举措。

20世纪20年代初,公共租界工部局还以抽签递减法来推行废娼,发起者和执行者均为西方人,表面上看起来效果还不错,但实际上却是促使暗娼及其活动进一步增加,危害较前更加严重。后来,公共租界还成立过特别委员会淫风调查会,提出废娼议案等,可是最终也不能发挥很好的作用。议而不决,不了了之是常有之事。之后,美国教会在上海租界里还创办了一所妇女补习学校,针对四周都是妓院的实际情况,专门招收妓院里的雏妓来参加补习。

五四运动后,近代中国妇女运动蓬勃发展起来,各种妇女组织和妇女团体纷纷成立,它们多以废娼、禁娼为重要的斗争目标。1922年8月23日,女权运动同盟会在北京成立,在提出的七条纲领中就包括"禁止公娼"等内容。1923年1月13日,天津学生同志会女权股召开第三届第一次股会,将"废娼运动"列为会议首要议程,并决定首先采用文字鼓动、发行特刊等方式开展废娼运动。3月19—21日,连续3天,天津《大公报》连载天津学生同志会女权股废娼运动宣言。6月17日,该组织还邀请各团体开会讨论废娼问题。在会上,社会名流时子周强调女子知识、女子生计和济良所改良是废娼最主要的三点。此外,他还提出"广设公共娱乐场所,使一般人有正当游乐之处"等建议。南开大学校长张伯苓也发表了重要演讲,提出了两个应对之策:"(一)舆论反对。宜有舆论之反对,然后始有法律之禁止。(二)法律禁止。现在舆论并不反对，法律亦即不能禁止。"会议一致同意组织废娼运动合作团体，推举宋则久、张伯苓等16人为委员。5月31日，天津学生同志会女权股发起废娼运动一事已经筹备完成，并正式征求发起人，还在《益世报》上发表了9章34条的草章。6月23日，又有朱兆邦等人准备筹建废娼同志会，并建议与女权股倡办的废娼团体联合。同日，《益世报》还以《废娼》为题发表时评，主张废娼应从整理家庭开始，可以使游娼者日少，同时提倡先行废妾，以保护人权。8月，女权股还拟发行名为《废娼号》的刊物，专载关于废娼文论及调查与建议之法，拟定的题目包括《历史上的废娼观》《国内废娼运动之新形势》《娼妓是否有废除之必要》等。

与此同时，民国政府的有关部门也提出了一系列废娼的办法。1923年内部从娼妓和嫖客等社会人士两方面入手，提出若干办法：

甲　劝勉妓女方法：一、进济良所。二、劝另觅相当职业。三、代觅其家属。四、劝其择配。

乙　劝勉各界方法：一、劝勿进妓院。二、劝勿发票局。三、劝勿与无道德妇女往还。四、劝勿将房屋赁租与妓女云云。

但是这些方法实行效果如何，不得而知。